U0062488

明代洪武永乐御窑瓷器

景德镇御窑遗址出土与故宫博物院藏传世瓷器对比

故宫博物院 景德镇市陶瓷考古研究所 编

故宫出版社

Imperial Porcelains from the Reigns of Hongwu and Yongle in the Ming Dynasty

A Comparison of Porcelains from the Imperial Kiln Site at Jingdezhen and the Imperial Collection of the Palace Museum

Compiled by the Palace Museum and the Archaeological Research Institute of Ceramic in Jingdezhen

The Forbidden City Publishing House

目 录

Contents

006　序一 / 单霁翔

008　序二 / 刘昌林

010　**图版目录**

015　**图版**

017　洪武时期
095　永乐时期

317　**专论**

318　略谈景德镇明代御器厂遗址考古发掘的重要意义 / 吕成龙

324　明御窑厂遗址出土明初官窑釉上彩瓷 / 江建新

331　对景德镇御窑旧址考古遗存之审视 / 王光尧

338　**后记**

007　Preface I / *Shan Jixiang*

009　Preface II / *Liu Changlin*

012　List of Plates

015　Plates

017　Hongwu Period
095　Yongle Period

317　Essays

323　Discussion on the Significance of the Excavation of
the Ming Imperial Kiln Site at Jingdezhen / *Lv Chenglong*

330　The Overglaze Porcelain Excavated from
the Early Ming Imperial Kiln Site at Jingdezhen / *Jiang Jianxin*

336　A Review of the Archaeological Remains at
the Imperial Kiln Site at Jingdezhen / *Wang Guangyao*

序一

无论是明代的御器厂，还是清代的御窑厂，都是皇家在景德镇的派出机构，专门负责烧造御用瓷器。作为内务府的生产作坊和生产管理机构之一，御器（窑）厂不仅和宫廷有着特殊的关系，在大范畴内甚至可以说是宫廷的有机组成部门。正是出于这一历史原因，故宫博物院与景德镇市政府签订了战略合作协议，致力于从景德镇历代瓷业遗存的考古发掘、遗址的规划与保护、瓷器修复与研究，到优秀文化遗产展示与传承等多方面进行合作。力争在提升文物保护和研究水平的同时，也借助故宫博物院的展场优势与信息平台把景德镇御窑代表的中国古代优秀文化遗产更多地展示给世人。故宫博物院已经参加的景德镇御窑遗址的考古发掘工作和此次联合举办的"明代御窑瓷器：景德镇御窑遗址出土与故宫博物院藏传世洪武永乐宣德瓷器对比展"，正是我们双方合作与努力的开始。

在明清时期宫廷是御用瓷器唯一合法的使用地，当时御器（窑）厂烧造的所有御用瓷器的合格品都被源源不断地送进皇宫。至今故宫博物院仍然是明代御用瓷器最主要的收藏机构。御器（窑）厂作为御用瓷器的生产基地，一直由内务府直接管理，明清两代的帝王也经常直接过问御用瓷器的生产与管理事务，从瓷器的类别、造型、纹样到生产数量都由内府决定，御器（窑）厂只是照样生产而已。但是，从图样到产品，从想法到实施，直至精美的瓷器被进贡到宫廷内，无一不是通过宫廷与景德镇窑厂、皇帝（决策者）与督陶官和匠人的多次互动实现。御器（窑）厂在接受生产命令的同时，还承担着研发、创新的使命。为保证送进宫廷的产品能得到认可并顺利完成任务，御器（窑）厂也肩负对产品挑选验收的职责。洪熙元年，宣德皇帝建御器厂于饶州府城月波门内，派出太监专管御器厂，职掌验收御器厂烧造的瓷器并进贡。出于对御用瓷器的垄断，在明代大量挑选后的落选品和残次品都被集中处理，并被成坑或成片掩埋在窑厂内。20世纪80年代以来，配合景德镇市政工程建设，经多次考古发掘获得了数以亿计的御用瓷器碎片。这些瓷片多成坑、成片出土，既佐证明代宫廷对御用瓷器的垄断，提供了文献阙载的对落选品处理制度的新资料，也为拼对、复原提供了极大的便利，从而得到了大量从洪武至万历时期的御用瓷器。

通过对比传世明代御用瓷器和景德镇御窑遗址出土标本，研究者发现既有传世品与窑址出土标本完全相同者，也有仅见于传世品或窑址出土标本者，更有造型相同而釉色和纹样不同者，或是同样的纹样见于不同釉色、不同器类上者，甚至是同样的造型、纹样同见于饶州景德镇、处州龙泉、磁州彭城镇等不同窑场的产品。这些发掘与研究成果不仅全面地展示了御窑生产的面貌，也使得学术界对明代御窑的认识越来越接近历史真实，同时从深层的技术意义方面揭示了御器厂的设立与御用瓷器的生产为整个景德镇地区乃至全国瓷器生产带来的引领与促进作用，以及景德镇能够成为瓷都的历史原因。此次双方联合举办"明代御窑瓷器：景德镇御窑遗址出土与故宫博物院藏传世洪武永乐宣德瓷器对比展"，目的就是向社会展示御窑瓷器的总体面貌，介绍以御窑瓷器生产为代表的祖国优秀文化遗产。

这次展览虽然只是故宫博物院与景德镇市政府合作系列展览与展示宣传的开始，但却是从生产地到使用地、从御器厂到紫禁城、从试烧品与落选品到合格品的历史再聚首。据我了解，意图通过馆藏明代御用瓷器与景德镇御窑遗址出土标本举办系列对比展，连续不断地介绍从洪武到万历时期御窑瓷器与御窑历史的，只有故宫博物院与景德镇市陶瓷考古研究所两家联合才能胜任。在预祝展览成功的同时，更期待双方合作能取得更大的成果，从而完成历史与时代赋予故宫博物院与景德镇市政府、赋予故宫人与景德镇人的弘扬和宣传优秀瓷业文化遗产的责任！

故宫博物院院长 单霁翔

Preface I

Both of the imperial kilns of the Ming and Qing dynasties were institutes authorized by the imperial court at Jingdezhen, in charge of the production of porcelain for imperial use. As a manufacturing and administrating institute attached to the Imperial Household Department, the imperial kiln did not only have special ties with the imperial court, but also existed as an integral part of the Forbidden City. Given such a historical setting, the Palace Museum signed the strategic cooperation contract with the Jingdezhen government, aiming to work together on various aspects, ranging from the archaeological excavation of the kiln sites of the past dynasties at Jingdezhen, the plan and conservation of the heritage sites, the restoration and study of the porcelain, to the exhibition and continuous study of cultural heritage. The cooperation attempts not only to improve the conservation and study of the cultural relics, but also to exhibit the imperial kiln sites of Jingdezhen as a representative of the excellent cultural heritage of China through the well equipped exhibition hall and information platform of the Palace Museum. The cooperation has started with the excavation at the imperial kiln sites at Jingdezhen, and the exhibition with the theme of the juxtaposition of excavated porcelains from the imperial kiln sites at Jingdezhen and the transmitted imperial porcelains dated to the Hongwu, Yongle and Xuande period.

The Ming and Qing imperial court was the only legitimate place for the use of imperial porcelains. Therefore, the qualified imperial porcelains produced from the imperial kiln were continuously transported to the imperial court during these periods. Until today, the Palace Museum is still the institute that possesses the major collection of Ming imperial porcelains. As the main production site of the imperial porcelains, the imperial kiln had been always under the supervision of the Imperial Household Department. It was also very often that the Ming and Qing emperors intervened in imperial porcelain production and kiln management in person. From the type, the shape and the pattern of the porcelain, the Imperial Household made decisions directly. The imperial kiln followed these instructions strictly. However, from the design of pattern to the completion of the fine porcelains which were finally provided to the imperial court, a lot of negotiation among the imperial court, the imperial kiln, the emperor as the decision maker, the supervisor of porcelain production and the craftsmen was involved. The imperial kiln also carried the responsibility to conduct research and innovate while taking orders from the imperial court. To guatantee the quality of the porcelains supplied to the imperial court, the imperial kiln was also responsible for selecting and inspecting the products. In the first year of the Hongxi reign, the Xuande emperor established the imperial kiln inside the Yuebo Gate of the Raozhou County, appointing eunuchs as special inspectors for the imperial kiln, who were in charge of the quality control of the porcelains for imperial use. In the Ming dynasty, flawed and unsatisfying porcelains were disposed and buried together at the imperial kiln site after strict selecting process, ensuring the monopoly of imperial porcelain production and usage. Since the 1980s, several hundreds of millions imperial porcelain pieces had been found during the archaeological excavations in cooperation with the urban developing construction at Jingdezhen. Such porcelain pieces were usually unearthed clustering in pits or fields, proving the monopoly of imperial porcelains by the Ming court and providing further information on the disposal of flawed products as recorded in the literature. Such a discovery also facilitates the restoration of porcelains, contributing to the collection of large number of imperial porcelains from the Hongwu to the Wanli reign.

Through comparing transmitted Ming imperial porcelains and samples from the imperial kiln sites at Jingdezhen, scholars found that some transmitted porcelains are exactly the same as those excavated samples, while some transmitted ones and excavated samples are unqiue. There are also cases that they overlap in the shapes, but are different in glaze and patterns. In addition, same patterns are found on porcelains with different glaze and shapes. Moreover, same shapes and patterns are seen on products such as different kilns from Jingdezhen at Raozhou, Longquan at Chuzhou and Pengcheng at Cizhou. Such excavation and study not only provide a full view of the production at the imperial kiln, but also bring the scholars closer to the reality of the history. At the same time, the significance of the establishment of the imperial kiln and the production of the imperial porcelain is revealed insightfully from the technological perspective, prospering the production of porcelain in the area of Jingdezhen and the whole country. Consequently, the historical reason of Jingdezhen serving as the capital of porcelain is revealed. The cooperated exhibition on the juxtaposition of excavated porcelains from the imperial kiln sites at Jingdezhen and the transmitted imperial porcelains dated to the Hongwu, Yongle and Xuande period aims to exhibit porcelains from the imperial kiln to the public comprehensively and to introduce the production of imperial porcelains as a representative of the excellent cultural heritage of China.

Though this exhibition is only the beginning of a series of exhibition organized by the Palace Museum and the Government of Jingdezhen, it reunites the different stages involved in the production and use of the imperial porcelains, from the imperial kiln—the place of production to the Forbidden City—the place of usage, from the products at the experimental stage and the unsatisfying products to the qualified products. As far as I know, only the cooperation between the Palace Museum and the Archaeological Research Institute of Ceramic in Jingdezhen can lead to the success of the exhibition to juxtapose the Ming imperial porcelains in museum collection and the excavated porcelains from the imperial kiln at Jingdezhen and to introduce the history of the imperial kiln consecutively from the Hongwu to the Wanli period. I hope the exhibition be a great success. In addition, I hope the cooperation between the two institutes will obtain great achievement to fulfil the historical responsibility of the Palace Museum and the Government of Jingdezhen in developing and transmitting the excellent cultural heritage of porcelain production.

Shan Jixiang
Director of the Palace Museum

序二

从宋代我国官窑制度建立以来，瓷器便作为御用贡品成了皇帝的清玩和专用器具大量进入宫廷。这些瓷器现在已被人们视为拱璧，收藏在世界各大博物馆和收藏家的手中，故宫博物院的收藏堪称世界之最，而这些收藏品中又以景德镇明清官窑瓷器量最多而优。这些精美的瓷器不仅具有巨大的经济价值，而且是研究中国陶瓷史、工艺美术史、文化艺术史、科技史以及宫廷文化史的重要实物资料，是名副其实的人间瑰宝！众所周知，这些人间瑰宝却是出自距京城数千里之外的一个偏僻小镇——景德镇的明清御窑厂。

明洪武二年（1369 年）朱元璋在元代浮梁磁局的基础上设置官窑开始烧造瓷器，至 1911 年清政权覆亡、御窑厂停烧，五百多年间御窑厂烧造了数以万件的官窑瓷器。这些精美瓷器当时大多已上贡给朝廷，而一些残次品和多余品则被抛弃掩埋在御窑厂内，不为世人所知。20 世纪 80 年代以来，景德镇考古工作者为配合城市建设，在御窑厂遗址进行了十余次的抢救性考古清理发掘，之后又经国家文物局批准，联合北京大学、江西省文物考古研究所等单位进行发掘，出土明清官窑瓷片数以吨计，经考古人员精心修复，复原了数千件明官窑珍品，这些深埋地下数百年的珍宝终于重现天日。此次应故宫博物院之邀所展出的 161 件套明初官窑瓷器，便是从中遴选出的部分精品。

本次展出的景德镇明御窑厂遗址出土的官窑瓷器，主要是明洪武、永乐、宣德三朝遗物。其中有备受世人推崇的永宣青花瓷、精美绝伦的中国最早的宣德斗彩瓷，尤以永宣外销瓷最富而精，这是郑和下西洋带往中东的瓷器，这些瓷器大多花纹精美、器形特异，充满了异域风情。郑和的舰队早已湮没在历史的长河之中，但这批销往中东地区的瓷器却留存至今，散发出那个时代特有的气息，标志景德镇瓷器作为东西方文明传播与扩散的载体，已然成为全球化的商品。通过本次展览，人们既可欣赏明初官窑的辉煌成就，又可从中获取当时社会政治、经济、人文艺术等方面的信息，让人们在欣赏官窑艺术的同时，获得一些有益的启示。而故宫博物院将其所藏三朝瓷器与御窑厂遗址出土瓷器进行对比展，从某种意义上说，是分别五百多年相隔几千里的瓷器亲姊妹的一次华丽聚首，这无论在学术上，还是在展览内容上都是十分有意义的。

在这一重要展览开幕和大型图录出版之际，我谨代表中共景德镇市委、景德镇市人民政府向故宫博物院单霁翔院长以及各方面的领导和专家表示感谢！感谢他们对景德镇文博事业长期以来的关心和支持，同时也感谢诸位先生、女士为展览和编纂图录所付出的辛劳。

最后，祝展览圆满成功！

中共景德镇市委书记　刘昌林

Preface II

Since the establishment of the official kiln system in the Song dynasty, porcelains had become imperial tributes and were brought to the imperial court in large number as the emperor's exclusive belongings for appreciation and daily use. These porcelains have now been regarded as priceless treasures and collected by various museums and private collectors all over the world, among which, the Palace Museum in Beijing is especially renowned for its porcelain collection, in particular, the Ming and Qing porcelains from the imperial kilns at Jingdezhen. These exquisite porcelains are not only valuable on the economic aspect, but also instrumental to the study of Chinese porcelain history, craft history, cultural and art history, technology history, and the cultural history of the imperial court. As a matter of fact, these priceless treasures were made in the Ming and Qing imperial kilns at Jingdezhen, a small town thousands of miles away from the capital city.

In the second year of the Hongwu reign in the Ming dynasty (CE 1369), Zhu Yuanzhang established the imperial kiln at Zhushan for porcelain production, on the basis of the Fuliang kiln of the Yuan dynasty. Until 1911, when the Qing government was overthrown, tens of thousands of imperial porcelain had been produced from the imperial kiln for over 500 years. Most of the exquisite pieces had been offered to the imperial court at the time of production, deserting and burying the flawed and redundant pieces at the kiln site which remained unknown for years. Since the 1980s, archaeologists at Jingdezhen have conducted emergent excavation at the imperial kiln site for over ten times, in cooperation with the urban development construction. Later, after being approved by the State Administration of Cultural Heritage, the local archaeologists worked together with Peking University and the Administration of Cultural Heritage in Jiangxi to reveal several tons of Ming and Qing ceramics at the imperial kiln site. After careful restoration by the archaeologists, thousands of porcelain pieces from the Ming imperial kiln have been brought to light. Thus, the buried treasures are unveiled to the world after several hundred years. The 161 pieces of porcelain from the early Ming imperial kiln exhibited at the Palace Museum this time are selected from the best of the past excavations.

Porcelains at this exhibition are from the Ming imperial kiln at Jingdezhen, mainly dated to the reign of Hongwu, Yongle and Xuande. The blue-and-white porcelains of the Yongle and Xuande reign are especially highly rated. In addition, the exhibition has included the exquisite and the earliest porcelains with overglaze of the Xuande reign, in particular, the fine export porcelains of Xuande, which were taken to the Middle East by Zheng He with his fleet. These porcelains are decorated with delicate flora patterns and presented in exotic shapes. Though Zheng He and his fleet have been long gone as time goes by, the porcelains for Middle East export remain till today and manifest the unique spirit of their time. These porcelains symbolize that porcelains of Jingdezhen have been a global commodity and serve as media for the communication and dissemination of culture between the East and the West. Through this exhibition, the visitors can enjoy the glorious achievement of the early Ming imperial kiln and gain an understanding about the society, politics, economics, literature and art of the Ming dynasty. The exhibition juxtaposes the Palace Museum collection of porcelains of the Hongwu, Yongle and Xuande reign, and the porcelains excavated from the imperial kiln at Jingdezhen, which, to some extent, reunites porcelains stemming from the same root over 500 years ago. From both aspects of academic research and exhibition, this exhibition is unprecedented and inspirational.

At the time of the unveiling of this important exhibition and the publication of this catalogue, I sincerely thank Shan Jixiang, the director of the Palace Museum, and the leading cadres and scholars of various institutes on behalf of the Government of Jingdezhen. I thank the people who have been caring about and supporting the development of the heritage work in Jingdezhen over the years and I thank the scholars who devoted themselves to the exhibition and the editing of this catalogue.

Finally, I wish the exhibition achieve a great success.

Liu Changlin
Chinese Communist Party Secretary of Jingdezhen

图版目录

1　釉里褐折枝花卉纹宝座 ……… 018
2　釉里红四季花卉纹罐 ……… 020
3　青花折枝花卉纹罐 ……… 022
4　青花缠枝花卉纹碗 ……… 024
5　青花缠枝花卉纹大碗 ……… 026
6　青花缠枝牡丹纹碗 ……… 028
7　釉里红缠枝花卉纹碗 ……… 030
8　青花缠枝花卉纹碗 ……… 032
9　青花折枝四季花卉纹大盘 ……… 034
10　青花缠枝花卉纹大碗 ……… 036
11　青花缠枝花卉纹大碗 ……… 038
12　釉里红地白缠枝花卉纹大碗 ……… 040
13　釉里红地白缠枝莲纹大碗 ……… 042
14　釉里红折枝牡丹纹大盘 ……… 044
15　青花折枝四季花卉纹大盘 ……… 046
16　青花竹石石榴花纹大盘 ……… 048
17　釉里红折枝桃纹大盘 ……… 050
18　青花折枝茶花纹大盘 ……… 052
19　青花湖石牡丹纹大盘 ……… 054
20　青花湖石牡丹纹大盘 ……… 056
21　釉里红湖石牡丹纹大盘 ……… 058
22　青花折枝四季花卉纹大盘 ……… 060
23　青花缠枝四季花卉纹碗 ……… 062
24　红釉印云龙纹盘 ……… 064
25　红釉印云龙纹碗 ……… 066
26　青花云龙纹盘 ……… 068
27　釉里红花卉纹盏托 ……… 070
28　釉里红花卉纹盏托 ……… 072
29　釉里红花卉纹盏托 ……… 074
30　釉里红花卉纹盏托 ……… 076
31　青花花卉纹杯、盘 ……… 078
32　釉里红牡丹纹军持 ……… 082
33　釉里红缠枝牡丹纹玉壶春瓶 ……… 084
34　釉里红松竹梅纹玉壶春瓶 ……… 086
35　青花花卉纹执壶 ……… 088
36　青花松竹梅纹执壶 ……… 090
37　青花蕉叶纹执壶 ……… 092
38　青花海水江崖纹双耳三足炉 ……… 096
39　青花海水江崖纹双耳三足炉 ……… 098

40　青花云龙纹盘 ……… 100
41　青花云龙纹碗 ……… 102
42　青花云龙纹碗 ……… 104
43　酱彩云龙纹碗 ……… 106
44　内红釉外釉里红云龙纹碗 ……… 108
45　红釉白云龙纹碗 ……… 110
46　矾红彩云凤纹碗 ……… 112
47　青花缠枝莲纹梅瓶 ……… 114
48　青花缠枝花卉纹鱼篓尊 ……… 116
49　青花缠枝花卉纹鱼篓尊 ……… 118
50　青花缠枝莲纹压手杯 ……… 120
51　青花荷莲描金缠枝花卉纹碗 ……… 122
52　金彩缠枝花卉纹钵 ……… 124
53　青花折枝花卉纹双系罐 ……… 126
54　青花缠枝莲纹双系罐 ……… 127
55　青花缠枝花卉纹罐 ……… 128
56　青花花卉纹大盘 ……… 130
57　青花把莲纹大盘 ……… 132
58　青花松树纹大盘 ……… 134
59　青花松竹梅纹碗 ……… 136
60　釉里红梅竹纹笔盒 ……… 138
61　青花缠枝灵芝纹碗 ……… 142
62　青花折枝山茶花纹碗 ……… 143
63　青花折枝花卉纹碗 ……… 144
64　青花缠枝莲纹碗 ……… 146
65　青花缠枝莲纹碗 ……… 147
66　青花菊瓣纹鸡心碗 ……… 148
67　青花阿拉伯式花纹鸡心碗 ……… 149
68　青花阿拉伯式花纹绶带耳葫芦扁瓶 ……… 150
69　青花阿拉伯式花纹绶带耳葫芦扁瓶 ……… 152
70　青花阿拉伯式花纹绶带耳葫芦扁瓶 ……… 154
71　甜白釉划阿拉伯式花纹绶带耳葫芦扁瓶 ……… 156
72　甜白釉绶带耳葫芦扁瓶 ……… 158
73　青花折枝茶花纹如意耳扁瓶 ……… 160
74　青花折枝茶花纹如意耳扁瓶 ……… 162
75　青花缠枝花卉纹扁瓶 ……… 164
76　青花穿花龙纹扁瓶 ……… 166
77　青花海水刻白龙纹扁瓶 ……… 168
78　青花海水刻白龙纹扁瓶 ……… 170

79	青花海水刻白龙纹梅瓶	172
80	青花地刻白云龙纹梅瓶	174
81	青花釉里红海水云龙纹梅瓶	176
82	釉里红海水云龙纹梅瓶	178
83	红釉刻云龙纹梅瓶	180
84	甜白釉锥缠枝莲纹梅瓶	182
85	甜白釉梅瓶	184
86	青花灵芝纹托盘	186
87	青花折枝花卉纹盘	188
88	青花折枝花卉灵芝纹花口杯、盘	190
89	青花海水龙纹爵、盘	192
90	甜白釉爵	194
91	青花折枝花果纹罐	196
92	青花折枝瓜果纹梅瓶	198
93	青花双桃纹盘	200
94	青花折枝三果纹执壶	202
95	青花折枝桃纹执壶	204
96	青花缠枝菊纹执壶	206
97	青花缠枝花卉纹军持	208
98	甜白釉军持	210
99	青花缠枝菊纹玉壶春瓶	212
100	青花折枝秋葵纹玉壶春瓶	214
101	青花海水云龙纹玉壶春瓶	216
102	甜白釉玉壶春瓶	218
103	青花竹石芭蕉纹玉壶春瓶	220
104	青花竹石芭蕉纹梅瓶	222
105	青花桃竹纹梅瓶	224
106	青花竹石芭蕉纹碗	226
107	青花缠枝花卉纹折沿盆	228
108	青花缠枝花卉纹双系扁壶	230
109	青花缠枝花卉纹花浇	232
110	甜白釉花浇	234
111	青花折枝花卉纹八方烛台	236
112	青花折枝花卉纹八方烛台	238
113	白釉八方烛台	240
114	青花阿拉伯文缠枝花卉纹无档尊	242
115	白釉无档尊	244
116	青白釉刻缠枝莲纹碗	246
117	白釉刻缠枝花卉纹碗	248
118	白釉印凤穿花纹碗	250
119	白釉划龙纹碗	252
120	甜白釉划龙纹碟	253
121	翠青釉盘	254
122	翠青釉三系罐	256
123	甜白釉罐	258
124	甜白釉豆	260
125	甜白釉僧帽壶	262
126	甜白釉锥缠枝花卉纹僧帽壶	264
127	白釉执壶	266
128	白釉镂空花纹三壶连通器	268
129	甜白釉浮雕莲瓣纹束腰器座	270
130	白釉乳丁纹钟	272
131	甜白釉刻云龙纹梨形执壶	274
132	釉里红云龙纹梨形执壶	276
133	黄釉锥绿龙纹梨形执壶	278
134	白釉方流鸡心扁壶	280
135	甜白釉四系矮壶	282
136	甜白釉双环耳带盖皿	284
137	甜白釉盘口兽耳长颈瓶	286
138	青釉净瓶	288
139	青花折枝葡萄纹高足碗	290
140	青花鹊梅纹高足碗	292
141	冬青釉高足碗	294
142	酱釉高足碗	296
143	鲜红釉印云龙纹高足碗	298
144	鲜红釉高足碗	300
145	红釉印龙纹高足碗	302
146	鲜红釉盘	304
147	红釉印折枝瑞果纹盒	306
148	红釉点彩碗	308
149	青花梵文勺	310
150	黑釉方盒	312
151	黑釉双耳三足炉	314

List of Plates

1   Throne with design of disconnected sprays of flowers in underglaze brown ··· 018
2   Jar with design of flowers in four seasons in underglaze red ··· 020
3   Blue and white jar with design of disconnected sprays of flowers ··· 022
4   Blue and white bowl with design of interlocking flowers ··· 024
5   Blue and white large bowl with design of interlocking flowers ··· 026
6   Blue and white bowl with design of interlocking peony ··· 028
7   Bowl with design of interlocking flowers in underglaze red ··· 030
8   Blue and white bowl with design of interlocking flowers ··· 032
9   Blue and white large plate with design of disconnected sprays of flowers in four seasons ··· 034
10   Blue and white large bowl with design of interlocking flowers ··· 036
11   Blue and white large bowl with design of interlocking flowers ··· 038
12   Large bowl with design of interlocking flowers in reserved white on undergalze red ground ··· 040
13   Large bowl with design of interlocking lotus in reserved white on undergalze red ground ··· 042
14   Large plate with design of disconnected sprays of peony in undergalze red ··· 044
15   Blue and white large plate with design of disconnected sprays of flowers in four seasons ··· 046
16   Blue and white large plate with design of bamboo, rock and pomegranate ··· 048
17   Large plate with design of disconnected sprays of peaches in undergalze red ··· 050
18   Blue and white large plate with design of disconnected sprays of camellia ··· 052
19   Blue and white large plate with design of rock and peony ··· 054
20   Blue and white large plate with design of rock and peony ··· 056
21   Large plate with design of rock and peony in underglaze red ··· 058
22   Blue and white large plate with design of disconnected sprays of flowers in four seasons ··· 060
23   Blue and white bowl with design of interlocking flowers in four seasons ··· 062
24   Red glazed plate with stamped design of cloud and dragon ··· 064
25   Red glazed bowl with stamped design of cloud and dragon ··· 066
26   Blue and white plate with design of cloud and dragon ··· 068
27   Saucer with design of flowers in underglaze red ··· 070
28   Saucer with design of flowers in underglaze red ··· 072
29   Saucer with design of flowers in underglaze red ··· 074
30   Saucer with design of flowers in underglaze red ··· 076
31   Blue and white cup and saucer with floral design ··· 078
32   Kendi with design of peony in underglaze red ··· 082
33   Pear-shaped vase with design of interlocking peony in underglaze red ··· 084
34   Pear-shaped vase with design of pine, bamboo and prunus in underglaze red ··· 086
35   Blue and white pot with handle at one side and design of flowers ··· 088
36   Blue and white pot with handle at one side and design of pine, bamboo and prunus ··· 090
37   Blue and white pot with handle at one side and design of banana leaves ··· 092
38   Blue and white burner with two handles and three legs and design of stylized waves and mountain peaks ··· 096
39   Blue and white burner with two handles and three legs and design of stylized waves and mountain peaks ··· 098
40   Blue and white plate with design of cloud and dragon ··· 100
41   Blue and white bowl with design of cloud and dragon ··· 102
42   Blue and white bowl with design of cloud and dragon ··· 104
43   Bowl with design of cloud and dragon in drak reddish brown ··· 106
44   Bowl of red glazed inside and outside with design of cloud and dragon in underglaze red ··· 108
45   Bowl with design of cloud and dragon in white on red ground ··· 110
46   White glazed bowl with design of phoenix and cloud in iron-red ··· 112
47   Blue and white prunus vase with design of interlocking lotus ··· 114
48   Blue and white creel-shaped Zun vase with design of interlocking flowers ··· 116
49   Blue and white creel-shaped Zun vase with design of interlocking flowers ··· 118
50   Blue and white press-hand cup with design of interlocking lotus ··· 120
51   Blue and white bowl with gilt design of interlocking flowers ··· 122
52   White glazed alms bowl with design of interlocking flowers in gold foil ··· 124
53   Blue and white jar with two handles and design of disconnected sprays of flowers ··· 126

54	Blue and white jar with two handles and design of interlocking lotus	127
55	Blue and white jar with design of interlocking flowers	128
56	Blue and white large plate with design of flowers	130
57	Blue and white large plate with design of a bundle of lotus	132
58	Blue and white large plate with design of pine	134
59	Blue and white bowl with design of pine, bamboo and prunus	136
60	Pencil box with design of plum and bamboo in underglaze red	138
61	Blue and white bowl with design of interlocking Lingzhi fungus	142
62	Blue and white bowl with design of disconnected sprays of camellias	143
63	Blue and white bowl with design of disconnected sprays of flowers	144
64	Blue and white bowl with design of interlocking lotus	146
65	Blue and white bowl with design of interlocking lotus	147
66	Blue and white heart-shaped bowl with design of chrysanthemum-petals	148
67	Blue and white heart-shaped bowl with Arabian patterns	149
68	Blue and white gourd-shaped flat vase with ribbon-shaped handles and Arabian patterns	150
69	Blue and white gourd-shaped flat vase with ribbon-shaped handles and Arabian patterns	152
70	Blue and white gourd-shaped flat vase with ribbon-shaped handles and Arabian patterns	154
71	Sweet white glazed gourd-shaped flat vase with ribbon-shaped handles and incised Arabian patterns	156
72	Sweet white glazed gourd-shaped flat vase with ribbon-shaped handles	158
73	Blue and white flat vase with Ruyi-shaped handles and design of disconnected sprays of camellias	160
74	Blue and white flat vase with Ruyi-shaped handles and design of disconnected sprays of camellias	162
75	Blue and white flat vase with design of interlocking flowers	164
76	Blue and white flat vase with design of dragon among flowers	166
77	Blue and white flat vase with incised design of dragon in reserved white	168
78	Blue and white flat vase with incised design of dragon in reserved white	170
79	Blue and white prunus vase with incised design of dragon in reserved white	172
80	Prunus vase with incised design of cloud and dragon in white on blue ground	174
81	Blue and white prunus vase with design of cloud and dragon in underglaze red	176
82	Prunus vase with design of cloud and dragon in underglaze red	178
83	Red glazed prunus vase with incised design of dragon in cloud	180
84	Sweet white glazed prunus vase with incised design of interlocking lotus	182
85	Sweet white glazed prunus vase	184
86	Blue and white saucer with design of Lingzhi fungus	186
87	Blue and white plate with design of disconnected sprays of flowers	188
88	Blue and white cup and plate with design of disconnected sprays of flower and Lingzhi fungus	190
89	Blue and white Jue and plate with design of dragons among waves	192
90	Sweet white glazed Jue	194
91	Blue and white jar with design of disconnected sprays of flowers and fruits	196
92	Blue and white prunus vase with design of disconnected sprays of flowers and fruits	198
93	Blue and white plate with design of two peaches	200
94	Blue and white pot with handle at one side and design of disconnected sprays of the three fruits	202
95	Blue and white pot with handle at one side and design of disconnected sprays of peach	204
96	Blue and white pot with handle at one side and design of interlocking chrysanthemum	206
97	Blue and white kendi with design of interlocking flowers	208
98	Sweet white glazed kendi	210
99	Blue and white pear-shaped vase with design of interlocking chrysanthemum	212
100	Blue and white pear-shaped vase with design of disconnected sprays of hibiscus-okra	214
101	Blue and white pear-shaped vase with design of dragons and clouds	216
102	Sweet white glazed pear-shaped vase	218
103	Blue and white pear-shaped vase with design of bamboo, rock and banana leaf	220
104	Blue and white prunus vase with design of bamboo, rock and banana leaf	222
105	Blue and white prunus vase with design of peach and bamboo	224
106	Blue and white bowl with design of bamboo, rock and banana leaf	226

107 Blue and white basin with everted flange and design of interlocking flowers ⋯⋯228
108 Blue and white flat pot with two handles and design of interlocking flowers ⋯⋯230
109 Blue and white pot for watering plants with design of interlocking flowers ⋯⋯232
110 Sweet white glazed pot for watering plants ⋯⋯234
111 Blue and white octagonal candle holder with design of disconnected sprays of flowers ⋯⋯236
112 Blue and white octagonal candle holder with design of disconnected sprays of flowers ⋯⋯238
113 White glazed octagonal candle holder ⋯⋯240
114 Blue and white Zun vase with no bottom and design of Arabic pattern and interlocking flowers ⋯⋯242
115 White glazed Zun vase with no bottom ⋯⋯244
116 Bluish white glazed bowl with incised design of interlocking flowers ⋯⋯246
117 White glazed bowl with incised design of interlocking flowers ⋯⋯248
118 White glazed bowl with stamped design of phoenixes flying among flowers ⋯⋯250
119 White glazed bowl with incised dragon design ⋯⋯252
120 Sweet white glazed dish with incised dragon design ⋯⋯253
121 Bright green glazed plate ⋯⋯254
122 Bright green glazed jar with three handles ⋯⋯256
123 Sweet white glazed jar ⋯⋯258
124 Sweet white glazed Dou ⋯⋯260
125 Sweet white glazed monk's cap jug ⋯⋯262
126 Sweet white glazed monk's cap jug with incised design of interlocking flowers ⋯⋯264
127 White glazed pot with handle at one side ⋯⋯266
128 White glazed communicating vessel with patterns in openwork ⋯⋯268
129 Sweet white glazed wasp-waisted base with design of lotus-petals in relief ⋯⋯270
130 White glazed bell with design of nipple pattern ⋯⋯272
131 Sweet white glazed pear-shaped pot with handle at one side and incised design of cloud and dragon ⋯⋯274
132 Pear-shaped pot with handle at one side and design of cloud and dragon in underglaze red ⋯⋯276
133 Pear-shaped pot with handle at one side and incised design of dragon in green on yellow ground ⋯⋯278
134 White glazed flat pot with square spout and design of chicken heart in relief ⋯⋯280
135 Sweet white glazed pot with four handles ⋯⋯282
136 Sweet white glazed ware with two handles and cover ⋯⋯284
137 Sweet white glazed vase with dish-shaped mouth, long neck and animal-shaped handles ⋯⋯286
138 Green glazed holy-water vase ⋯⋯288
139 Blue and white bowl with high stem and design of disconnected sprays of grapes ⋯⋯290
140 Blue and white bowl with high stem and design of magpies and plum blossom ⋯⋯292
141 Dong green glazed bowl with high stem ⋯⋯294
142 Dark brown glazed bowl with high stem ⋯⋯296
143 Bright red glazed bowl with high stem and stamped design of cloud and dragon ⋯⋯298
144 Bright red glazed bowl with high stem ⋯⋯300
145 Red glazed bowl with high stem and stamped dragon design ⋯⋯302
146 Bright red glazed plate ⋯⋯304
147 Red glazed box with stamped design of disconnected sprays of auspicious fruits ⋯⋯306
148 Bowl with design of dots outside in underglaze red ⋯⋯308
149 Blue and white spoon with design of Sanskrit ⋯⋯310
150 Black glazed square box ⋯⋯312
151 Black glazed burner with two handles and three legs ⋯⋯314

图版

Plates

洪武时期

Hongwu Period

1 釉里褐折枝花卉纹宝座

明洪武

高 24 厘米　长 29.3 厘米　宽 15.3 厘米

故宫博物院藏

宝座造型端正，正面下方有两兽形足。通体釉里褐花卉纹饰，花纹以铁为呈色剂。宝座正面有开光，内浮雕十字花纹。

明代洪武时期瓷器还多保留有元代枢府瓷古朴浑厚的遗风，胎体厚重，因胎土淘炼粗细之差，胎质表现不一。此时瓷器釉面多呈青白色，为元、明两代瓷的共同点。此宝座形状特殊，结构复杂，从中可以窥见元代及明初皇室宝座的详细结构；釉色莹润，花纹原料烧制欠成熟，反映出元末明初釉下彩绘的烧造面貌。

Throne with design of disconnected sprays of flowers in underglaze brown
Hongwu Period, Ming Dynasty, Height 24cm　length 29.3cm　width 15.3cm, Collected by the Palace Museum

2 釉里红四季花卉纹罐

明洪武

高 53 厘米　残口径 26.5 厘米　足径 23.5 厘米

故宫博物院藏

罐呈石榴形，通体起瓜棱。口部残缺，颈部残存，丰肩，肩以下渐敛。底无釉无款。外壁以釉里红为饰，颈肩部纹饰顺序为变形莲瓣纹内绘折枝花、四出垂云纹、如意头纹内绘折枝花；腹部绘四季花卉，部分配以湖石，腹下饰变形莲瓣纹内绘朵花；胫部饰回纹一周；足上饰变形莲瓣纹内绘折枝花，足边饰卷草纹。

釉里红是以氧化铜为着色剂，在大约 1200℃ 左右的还原气氛中一次烧成的，它是一种在釉下以红色描绘花纹的陶瓷装饰方法。由于铜粒子有很强的活动性，在高温下易挥发，因此它对窑室温度和窑内气氛的变化十分敏感，烧成难度极大，成品率较低。正因如此，在元代和明初洪武时期，釉里红发色极不稳定，纹饰线条常有晕散现象，色泽纯正的较为少见。

传世或出土的元末明初釉里红器极少，发色鲜艳者更少见。故宫博物院还收藏有一件口部完整的同类器，只是釉里红发色略显不足。此罐不仅釉里红发色纯正，釉面匀净，且形体高大规整，四季花的描绘更是细腻精致、自然生动，其纹饰繁密但层次清晰，体现了元末明初瓷器粗犷豪放的艺术特色。

Jar with design of flowers in four seasons in underglaze red
Hongwu Period, Ming Dynasty, Height 53cm mouth diameter of remain 26.5cm foot diameter 23.5cm, Collected by the Palace Museum

3 | 青花折枝花卉纹罐

明洪武

通高 66 厘米　口径 26 厘米　腹径 44.5 厘米　底径 25 厘米
1994 年出土于御窑东门头

罐侈口，束颈，丰肩，鼓腹，平砂底，盖呈珠顶荷叶式。青花发色较深暗。盖顶饰莲瓣纹与如意云头纹各一周，盖面绘以折枝花卉九朵，口沿饰卷草纹。罐身纹饰有十层之多：口、颈部分别绘回纹、如意云头纹与变形莲瓣纹各一周，莲瓣内均饰以折枝花卉；肩部绘四出垂云与如意云头纹各一周，云肩内饰折枝花卉；腹绘湖石折枝花卉一周，花纹有莲、牡丹、月季、石榴、山茶、菊、百合花等；下腹部饰覆、仰变形莲瓣、回纹各一周，覆、仰莲瓣内分别饰变形菊、折枝花卉；足墙上饰卷草纹。

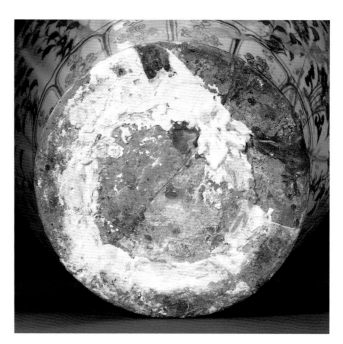

Blue and white jar with design of disconnected sprays of flowers
Hongwu Period, Ming Dynasty, Overall height 66cm mouth diameter 26cm belly diameter 44.5cm bottom diameter 25cm, Unearthed at Dongmentou, Imperial Kiln in 1994

4 | 青花缠枝花卉纹碗

明洪武
高 10.4 厘米　口径 20.5 厘米　足径 10 厘米
故宫博物院藏

碗直口，深腹，圈足。里外均以青花为饰。里心饰折枝牡丹纹，里壁饰缠枝花卉纹，里外口及足墙均饰回纹，外壁饰缠枝菊纹。

此器形制淳朴浑厚，纹饰描绘娴熟明快，有元代遗风。

Blue and white bowl with design of interlocking flowers
Hongwu Period, Ming Dynasty, Height 10.4cm mouth diameter 20.5cm foot diameter 10cm, Collected by the Palace Museum

5 青花缠枝花卉纹大碗

明洪武
高 16.5 厘米　口径 40.5 厘米　足径 23 厘米
故宫博物院藏

碗敞口，弧壁，深腹，圈足。里外均以青花为饰，砂底露胎呈火石红色。里心一周回纹内绘折枝牡丹纹，里壁饰缠枝菊纹，口沿内外分饰浪花纹和缠枝灵芝纹，外壁饰缠枝牡丹纹，近足处饰变形莲瓣内绘朵莲纹，足墙上饰回纹。

明初洪武时的青花器大都延续元代风貌，此器与元代枢府釉碗形甚为接近，但又有向后世以秀美取胜的永乐碗形变化的痕迹。其造型硕大规整，线条比元代碗形更显圆润。

Blue and white large bowl with design of interlocking flowers
Hongwu Period, Ming Dynasty, Height 16.5cm　mouth diameter 40.5cm　foot diameter 23cm, Collected by the Palace Museum

6 青花缠枝牡丹纹碗

明洪武

高 10.3 厘米　口径 21 厘米　足径 10.3 厘米

1994 年出土于御窑东门头

碗直口，弧腹，圈足。足底刷薄釉。釉色泛黄，青料呈色发黑。外口沿饰卷草纹，外壁绘缠枝牡丹纹，足壁饰回纹。内口沿饰回纹，内壁绘缠枝菊纹，里心青花双圈内绘一折枝牡丹。

同时出土的此类墩式碗有数十件之多，其大小与纹饰基本相似，唯边饰不同。

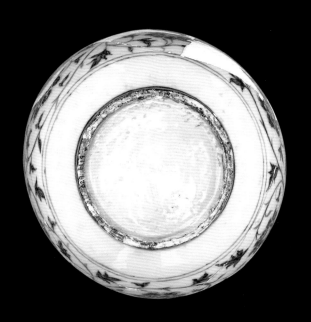

Blue and white bowl with design of interlocking peony
Hongwu Period, Ming Dynasty, Height 10.3cm　mouth diameter 21cm　foot diameter 10.3cm, Unearthed at Dongmentou, Imperial Kiln in 1994

釉里红缠枝花卉纹碗

明洪武
高 10 厘米　口径 20 厘米　足径 8.2 厘米
故宫博物院藏

碗呈墩式，敞口，深弧腹，圈足。通体以釉里红为饰。里心双圈内饰折枝牡丹纹，里壁饰缠枝菊纹，外壁饰缠枝牡丹纹，里外口沿及足墙均饰回纹。

此碗为清宫旧藏。造型敦厚，釉面较白，釉里红发色不好而多呈紫红色，且带有深入胎骨的赭色铁质斑点；圈足足墙根部较厚，足边露胎处采用极规矩整齐的平削；菊花为扁菊纹，牡丹花肥大且留有白边。其造型或纹饰构图都具有鲜明的洪武时期风格。

Bowl with design of interlocking flowers in underglaze red
Hongwu Period, Ming Dynasty, Height 10cm mouth diameter 20cm foot diameter 8.2cm, Collected by the Palace Museum

8 青花缠枝花卉纹碗

明洪武

高 9.8 厘米　口径 20.5 厘米　足径 8.8 厘米

1994 年出土于御窑东门头

碗侈口，深弧腹，圈足。足内刷釉。釉色泛黄，青料发黑。外壁饰缠枝牡丹纹，口沿与足壁均饰回纹；内口沿饰回纹，内壁饰缠枝菊纹，里心青花双圈内绘一折枝牡丹。

此碗与出土的一批墩子碗青花釉料相同，似因此类缺陷而被淘汰。

Blue and white bowl with design of interlocking flowers
Hongwu Period, Ming Dynasty, Height 9.8cm　mouth diameter 20.5cm foot diameter 8.8cm, Unearthed at Dongmentou, Imperial Kiln in 1994

9 青花折枝四季花卉纹大盘

明洪武

高 8.5 厘米　口径 45.8 厘米　足径 27.2 厘米

故宫博物院藏

盘折沿，弧壁，圈足。通体以青花为饰，砂底露胎呈火石红色。里心饰花卉纹，周围以如意云头纹环绕，内饰四季花卉纹，里壁饰缠枝菊花纹，口折沿处饰卷草纹；外壁饰四季花卉纹，近底处饰变形莲瓣纹。

此盘为清宫旧藏。

Blue and white large plate with design of disconnected sprays of flowers in four seasons
Hongwu Period, Ming Dynasty, Height 8.5cm　mouth diameter 45.8cm　foot diameter 27.2cm, Collected by the Palace Museum

10 青花缠枝花卉纹大碗

明洪武

高 16 厘米　口径 41 厘米　足径 22.7 厘米

1994 年出土于御窑东门头

碗直口，弧腹，圈足。火石红底。外口沿饰缠枝菊纹，外壁绘缠枝莲纹，下部饰变形莲瓣纹，足壁饰回纹；内口饰卷草纹，内壁饰缠枝菊纹，里心一圈回纹内绘折枝莲与如意云头纹各四，如意云头纹图案内分别绘有折枝菊纹，中心绘莲瓣纹。

该器外壁所绘缠枝莲为洪武器独有。

Blue and white large bowl with design of interlocking flowers
Hongwu Period, Ming Dynasty, Height 16cm　mouth diameter 41cm　foot diameter 22.7cm, Unearthed at Dongmentou, Imperial Kiln in 1994

11 青花缠枝花卉纹大碗

明洪武
高 16.5 厘米　口径 42 厘米　足径 23 厘米
1994 年出土于御窑东门头

碗直口，弧腹，圈足。火石红底。外口沿饰海浪纹，外壁绘缠枝牡丹纹，底部饰变形莲瓣纹，足壁饰回纹；内口沿饰缠枝灵芝纹，内壁绘缠枝菊纹，里心回纹圈内绘折枝牡丹纹。

有研究者认为这类碗是元末之物。

Blue and white large bowl with design of interlocking flowers
Hongwu Period, Ming Dynasty, Height 16.5cm mouth diameter 42cm foot diameter 23cm, Unearthed at Dongmentou, Imperial Kiln in 1994

12 | 釉里红地白缠枝花卉纹大碗

明洪武
高 16.7 厘米　口径 42 厘米　足径 22.7 厘米
故宫博物院藏

碗敞口，深弧腹，圈足。通体以釉里红地留白装饰，俗称"釉里红拔白"。里心一周回纹内饰折枝牡丹纹，里壁饰缠枝花卉纹；内外口沿饰卷草纹；外壁饰缠枝牡丹纹，近足处饰变形莲瓣含朵花纹，足墙饰回纹。

此器造型硕大敦厚，纹饰绘工精细，线条细腻流畅。此种釉里红拔白装饰技法与洪武时常见的釉里红器装饰方法正好相反，颇为少见。

Large bowl with design of interlocking flowers in reserved white on undergalze red ground
Hongwu Period, Ming Dynasty, Height 16.7cm mouth diameter 42cm foot diameter 22.7cm, Collected by the Palace Museum

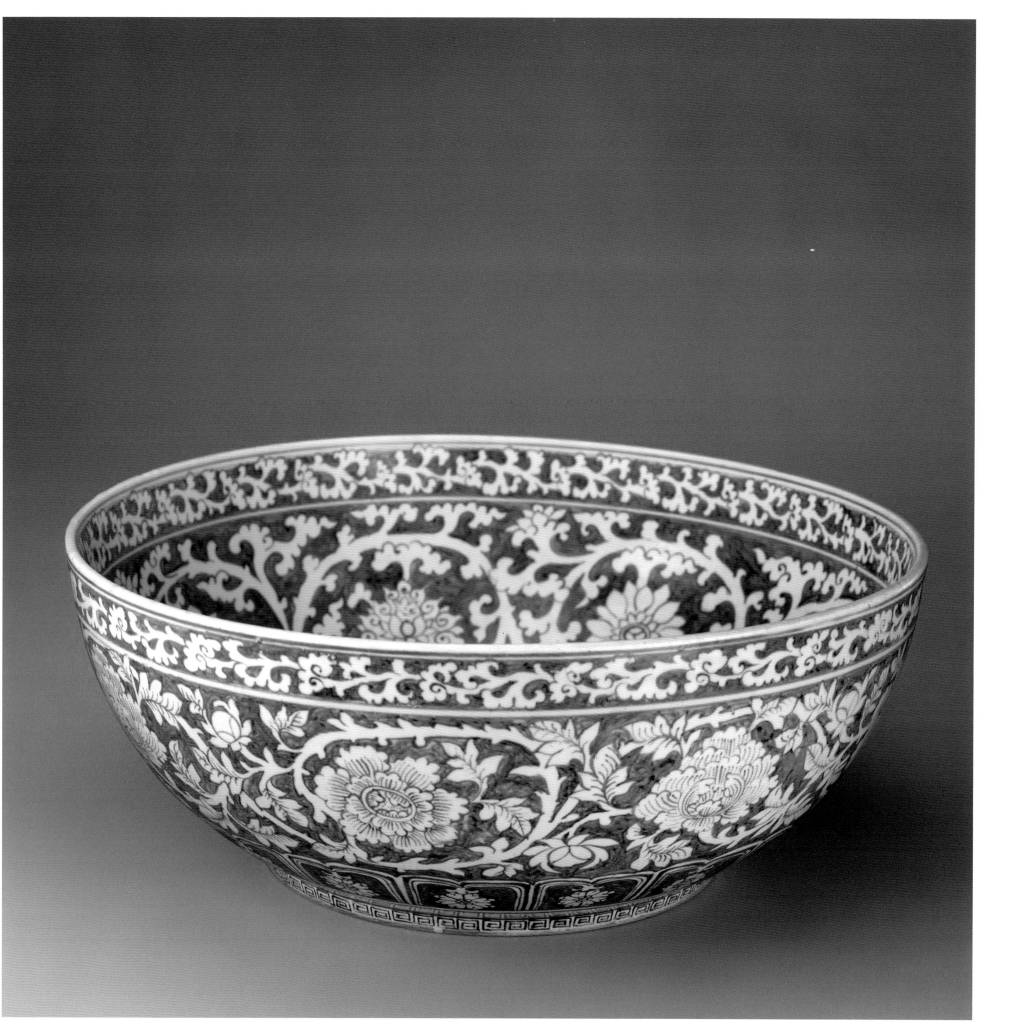

13 釉里红地白缠枝莲纹大碗

明洪武
高 18 厘米　口径 38 厘米　足径 15.8 厘米
1994 年出土于御窑东门头

碗侈口，深弧腹，圈足。足底无釉。胎白而细腻。釉里红呈色灰暗，局部呈暗红色。外壁釉里红地留白处自口沿至足根依次为卷草纹、缠枝莲纹、变形仰莲瓣纹和卷草纹；内口沿饰缠枝灵芝纹一周，里心双圈内绘折枝牡丹纹。

Large bowl with design of interlocking lotus in reserved white on undergalze red ground
Hongwu Period, Ming Dynasty, Height 18cm mouth diameter 38cm foot diameter 15.8cm, Unearthed at Dongmentou, Imperial Kiln in 1994

14

釉里红折枝牡丹纹大盘

明洪武

高 9.7 厘米　口径 46 厘米　足径 26.6 厘米

故宫博物院藏

盘折沿，浅弧壁，圈足。砂底露胎呈火石红色。通体以釉里红为饰，里心饰牡丹纹，里壁饰缠枝菊纹，折沿饰缠枝花纹；外壁饰花卉纹、下饰变形仰莲瓣纹。

此盘为清宫旧藏。纹饰繁密，绘制工整，以牡丹象征春，以菊花象征秋。

Large plate with design of disconnected sprays of peony in undergalze red
Hongwu Period, Ming Dynasty, Height 9.7cm　mouth diameter 46cm　foot diameter 26.6cm, Collected by the Palace Museum

青花折枝四季花卉纹大盘

明洪武

高 9.2 厘米　口径 46.5 厘米　足径 27.3 厘米

1994 年出土于御窑东门头

盘折沿，弧腹，圈足。火石红底。内口沿绘缠枝菊纹，内壁绘缠枝牡丹纹，里心绘一朵小花，四周分别饰折枝四季花卉纹；外壁绘缠枝菊纹，下部饰变形仰莲瓣纹。

该盘底有裂痕，曾用釉作过填补。

Blue and white large plate with design of disconnected sprays of flowers in four seasons
Hongwu Period, Ming Dynasty, Height 9.2cm mouth diameter 46.5cm foot diameter 27.3cm, Unearthed at Dongmentou, Imperial Kiln in 1994

16

青花竹石石榴花纹大盘

明洪武
高 8.6 厘米　口径 46.5 厘米　足径 26.8 厘米
故宫博物院藏

盘折沿，弧壁，圈足。通体以青花为饰，砂底露胎呈火石红色。盘心饰翠竹、湖石和石榴花，里壁饰牡丹、石榴、菊及山茶四季花卉纹，口沿及外壁均饰缠枝菊纹。近足处饰变形仰莲瓣纹。

此盘为清宫旧藏。器形硕大，青花色调淡雅，青料聚集处有凝滞的黑斑，纹饰构图疏朗简洁，里心主题纹饰中的竹、石象征着文人士大夫的清廉高洁，石榴花因花红似火，故称"榴火"，象征"兴旺"，寓意吉祥。

Blue and white large plate with design of bamboo, rock and pomegranate
Hongwu Period, Ming Dynasty, Height 8.6cm　mouth diameter 46.5cm　foot diameter 26.8cm, Collected by the Palace Museum

17 釉里红折枝桃纹大盘

明洪武
高 9.3 厘米　口径 45.7 厘米　足径 26.7 厘米
故宫博物院藏

盘折沿，浅弧壁，圈足。通体以釉里红为饰，砂底露胎呈火石红色。里心饰折枝桃纹，里壁饰缠枝菊纹，折沿饰卷草纹；外壁饰缠枝菊纹、变形仰莲瓣纹。

此盘为清宫旧藏。

Large plate with design of disconnected sprays of peaches in undergalze red
Hongwu Period, Ming Dynasty, Height 9.3cm　mouth diameter 45.7cm　foot diameter 26.7cm, Collected by the Palace Museum

18 青花折枝茶花纹大盘

明洪武

高 5.5 厘米　口径 36.6 厘米　足径 21.8 厘米

1994 年出土于御窑东门头

盘花口，折沿，弧腹，圈足。砂底。胎质细白，白釉透青。内口沿饰卷草纹，内壁饰缠枝莲纹，里心绘整株茶花；外口沿绘缠枝灵芝纹，外壁饰缠枝牡丹纹。

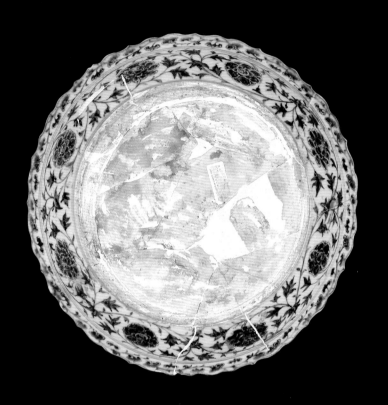

Blue and white large plate with design of disconnected sprays of camellia
Hongwu Period, Ming Dynasty, Height 5.5cm　mouth diameter 36.6cm　foot diameter 21.8cm, Unearthed at Dongmentou, Imperial Kiln in 1994

19

青花湖石牡丹纹大盘

明洪武

高 9.9 厘米　口径 55.8 厘米　足径 34.8 厘米

故宫博物院藏

盘为花瓣式，花口，折沿，弧腹，圈足。通体以青花为饰，砂底露胎呈火石红色。里心饰湖石牡丹纹，里壁饰折枝花卉纹和回纹，口沿饰卷草纹；外壁饰折枝花卉纹。

此盘为清宫旧藏。中心饰牡丹象征"春"，山石象征"寿"，描绘自然流畅，与严谨的布局相得益彰。

Blue and white large plate with design of rock and peony
Hongwu Period, Ming Dynasty, Height 9.9cm　mouth diameter 55.8cm　foot diameter 34.8cm, Collected by the Palace Museum

青花湖石牡丹纹大盘

明洪武

高 8 厘米　口径 45 厘米　足径 26.9 厘米

1994 年出土于御窑东门头

盘花口，折沿，瓜棱形腹，圈足。火石红底。内口沿饰卷草纹，内壁饰折枝花卉纹，里心绘湖石牡丹纹，三种纹饰间均绘回纹一周；外壁绘折枝花卉纹。

Blue and white large plate with design of rock and peony
Hongwu Period, Ming Dynasty, Height 8cm　mouth diameter 45cm　foot diameter 26.9cm, Unearthed at Dongmentou, Imperial Kiln in 1994

21 釉里红湖石牡丹纹大盘

明洪武
高 10.3 厘米　口径 55 厘米　足径 33.7 厘米
故宫博物院藏

盘为花瓣式。通体以釉里红为饰，砂底露胎呈火石红色。里心饰湖石牡丹纹，以回纹环绕，里外壁均饰折枝花卉纹，里口饰卷草纹。

此盘为清宫旧藏。

Large plate with design of rock and peony in underglaze red
Hongwu Period, Ming Dynasty, Height 10.3cm mouth diameter 55cm foot diameter 33.7cm, Collected by the Palace Museum

22 青花折枝四季花卉纹大盘

明洪武

高 9 厘米　口径 45.6 厘米　足径 26.6 厘米

1994 年出土于御窑东门头

盘花口，瓜棱形腹，圈足。火石红底。内、外口沿均绘海浪纹，内、外壁均绘折枝莲纹；里心双圈内绘折枝莲纹，圈外分别绘折枝牡丹、石榴、菊花和茶花纹。

Blue and white large plate with design of disconnected sprays of flowers in four seasons

Hongwu Period, Ming Dynasty, Height 9cm mouth diameter 45.6cm foot diameter 26.6cm, Unearthed at Dongmentou, Imperial Kiln in 1994

23 青花缠枝四季花卉纹碗

明洪武

高 11 厘米　口径 28 厘米　足径 8.8 厘米

1994 年出土于御窑东门头

碗敞口，浅弧腹，小圈足。外底涂白釉。外口沿饰回纹，外壁绘缠枝四季花卉纹，下部饰变形仰莲瓣纹；内口沿饰卷草纹，内壁绘折枝莲纹，里心一圈变形莲瓣内绘折枝牡丹纹。

此类小足碗造型始于元代，永乐亦有烧造，但器壁较薄。

Blue and white bowl with design of interlocking flowers in four seasons
Hongwu Period, Ming Dynasty, Height 11cm　mouth diameter 28cm foot diameter 8.8cm, Unearthed at Dongmentou, Imperial Kiln in 1994

红釉印云龙纹盘

明洪武
高 3.2 厘米　口径 19.4 厘米　足径 11.9 厘米
故宫博物院藏

盘敞口，弧壁，圈足。通体施红釉，足内无釉。里心阴刻云纹三朵，内壁模印阳文云龙纹，二龙以两朵云纹相隔。印花处线条凸起，釉层较薄，隐现白色胎骨。

洪武时期红釉瓷器传世极少，此盘通体红釉纯然一色，且印花清晰，是明初洪武红釉瓷器中难得的佳作。

25 | 红釉印云龙纹碗

明洪武

高 9 厘米　口径 20 厘米　足径 9 厘米

1988 年出土于御窑中华路西侧洪武地层

碗侈口，深弧腹，圈足宽平。内外均施红釉，足内无釉。外壁下腹锥刻变形莲瓣纹一周；内壁印五爪云龙纹，里心锥刻折带云纹。

Red glazed bowl with stamped design of cloud and dragon
Hongwu Period, Ming Dynasty, Height 9cm mouth diameter 20cm foot diameter 9cm, Unearthed at the west side of Zhonghua Road, Imperial Kiln in 1988

26 | 青花云龙纹盘

明洪武
高 3.2 厘米　口径 14.4 厘米　足径 8.8 厘米
故宫博物院藏

盘侈口，浅腹，大圈足。内外以青花为饰，内口沿为卷草纹一周，底心双圈内饰三朵云纹，内壁印云龙纹；外壁绘两组云龙纹，足部饰弦纹。

此盘为清宫旧藏。胎质精细，胎体厚重，釉面莹润，青花色泽浅淡，少有晕散，纹饰中分散着极其明显的深色小星点，这种小黑斑特征与元代和明永乐青花器常见的块状黑斑有所不同，具有明初洪武时期的特征。

Blue and white plate with design of cloud and dragon
Hongwu Period, Ming Dynasty, Height 3.2cm mouth diameter 14.4cm foot diameter 8.8cm, Collected by the Palace Museum

27

釉里红花卉纹盏托

明洪武

高 3 厘米　口径 20 厘米　足径 13 厘米

故宫博物院藏

盏托花口，折沿，浅弧壁，圈足。通体以釉里红为饰，里心饰十字小花纹，外环饰缠枝菊纹，里壁饰折枝莲纹、牡丹纹，里口饰卷草纹；口沿饰回纹，外壁饰变形仰莲瓣纹。

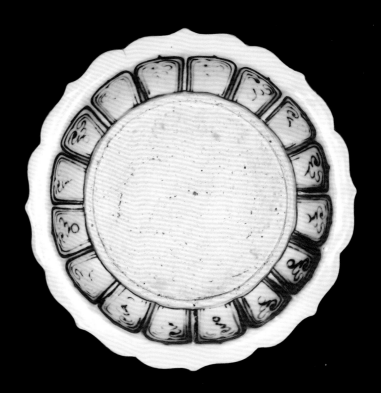

Saucer with design of flowers in underglaze red
Hongwu Period, Ming Dynasty, Height 3cm mouth diameter 20cm foot diameter 13cm, Collected by the Palace Museum

28

釉里红花卉纹盏托

明洪武

高 2.8 厘米　口径 19.5 厘米　足径 12.4 厘米

故宫博物院藏

盏托花口，折沿，浅弧壁，圈足。通体以釉里红为饰，砂底露胎呈火石红色。里心饰小朵十字花纹，外环饰缠枝菊纹，里壁饰折枝莲纹，里口饰卷草纹；口沿饰回纹，外壁饰变形仰莲瓣纹。

Saucer with design of flowers in underglaze red
Hongwu Period, Ming Dynasty, Height 2.8cm　mouth diameter 19.5cm　foot diameter 12.4cm, Collected by the Palace Museum

釉里红花卉纹盏托

明洪武
高 3.1 厘米　口径 19.8 厘米　足径 12.8 厘米
故宫博物院藏

盏托花口，折沿，浅弧壁，圈足。通体以釉里红为饰，砂底露胎呈火石红色。里心饰小朵十字花纹，外环饰缠枝菊纹，里壁饰折枝莲纹，里口饰卷草纹；口沿饰回纹，外壁饰变形仰莲瓣纹。

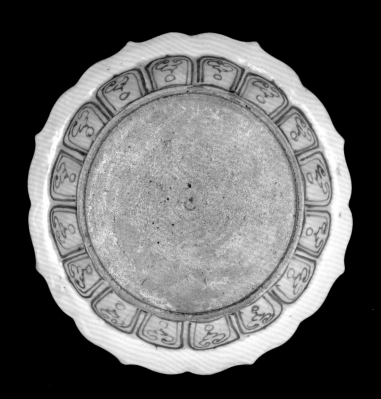

Saucer with design of flowers in underglaze red
Hongwu Period, Ming Dynasty, Height 3.1cm　mouth diameter 19.8cm　foot diameter 12.8cm, Collected by the Palace Museum

30

釉里红花卉纹盏托

明洪武

高 2.5 厘米　口径 19.4 厘米　足径 12 厘米

故宫博物院藏

盏托花口，折沿，浅弧壁，圈足。通体以釉里红为饰，砂底露胎呈火石红色。里心饰花卉纹，外环饰缠枝菊纹，里壁饰折枝莲纹，里口饰卷草纹；口沿饰回纹，外壁饰变形仰莲瓣纹。

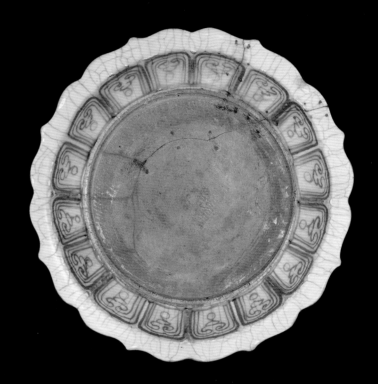

Saucer with design of flowers in underglaze red
Hongwu Period, Ming Dynasty, Height 2.5cm mouth diameter 19.4cm foot diameter 12cm, Collected by the Palace Museum

31

青花花卉纹杯、盘

明洪武

杯：高 4.3 厘米　口径 9.2 厘米

盘：高 2.1 厘米　口径 19.5 厘米

1994 年出土于御窑东门头

杯直壁，圈足。底涩胎黏砂。内、外口沿均饰回纹，外壁绘缠枝灵芝纹，内壁绘缠枝菊纹，里心双青花圈内绘莲花纹。

盘花口，折沿，弧壁呈花瓣形，里心凸起一圈以承小杯，浅圈足。砂底。外壁依花形绘变形莲瓣纹；盘心圈内绘折枝牡丹纹，圈外饰一周缠枝莲纹，一周折枝莲纹，口部绘卷草纹，口沿饰回纹。

Blue and white cup and saucer with floral design

Hongwu Period, Ming Dynasty, Cup: Height 4.3cm　mouth diameter 9.2cm, Saucer: Height 2.1cm　mouth diameter 19.5cm, Unearthed at Dongmentou, Imperial Kiln in 1994

32

釉里红牡丹纹军持

明洪武

高 13.5 厘米　口径 2.4 厘米　足径 7.5 厘米

故宫博物院藏

军持直口，短颈，颈中间出沿，扁球形腹，平底，浅圈足。一侧有流，无执柄。通体以釉里红为饰，绘牡丹纹，花叶布满器身。

此壶"军持"一名为梵文音译，意为净瓶或净罐，原是印度的一种水器，后被佛教徒赋予宗教意义，随着佛教的盛行而传入中国。在中国，军持从隋唐到清代皆有，其造型随着时代变化而风格各异。此军持为清宫旧藏，造型独特、色彩纯正，堪称洪武釉里红瓷器中的珍品。

Kendi with design of peony in underglaze red

Hongwu Period, Ming Dynasty, Height 13.5cm　mouth diameter 2.4cm　foot diameter 7.5cm, Collected by the Palace Museum

33 | 釉里红缠枝牡丹纹玉壶春瓶

明洪武

通高 33 厘米　口径 8.4 厘米　足径 11.3 厘米

故宫博物院藏

瓶侈口，细颈，垂腹，圈足，盖宝珠钮。通体釉里红纹饰，口沿下饰缠枝牡丹纹，颈下饰回纹、缠枝花纹，颈、肩处饰下垂如意云头纹；腹饰缠枝牡丹纹；近足处饰变形仰莲瓣纹，足墙饰卷草纹。盖顶饰倒垂变形莲瓣纹，沿饰卷草纹。

明洪武时期的玉壶春瓶，纹饰题材丰富，构图严谨，主题纹饰鲜明醒目。由于铜红呈色对于窑室条件相当敏感，能烧出这种釉里红佳品标志着此时陶瓷烧造技术已日臻完善。

此瓶为清宫旧藏。独特之处在于保留了完整的瓶盖，因而是一件比较完美的传世品。

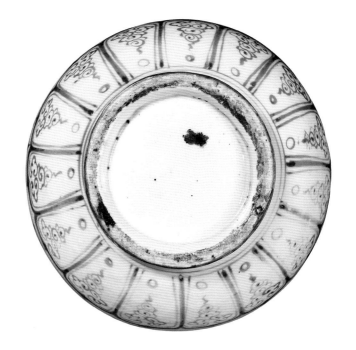

Pear-shaped vase with design of interlocking peony in underglaze red

Hongwu Period, Ming Dynasty, Overall height 33cm　mouth diameter 8.4cm　foot diameter 11.3cm, Collected by the Palace Museum

釉里红松竹梅纹玉壶春瓶

明洪武

高 33.3 厘米　口径 8.7 厘米　足径 11.3 厘米

故宫博物院藏

瓶口外撇，细颈，垂腹，圈足。通体以釉里红为饰。颈饰蕉叶纹、回纹、卷草纹；腹绘松、竹、梅，辅以湖石、棕树纹等；近足处饰变形仰莲瓣纹，足墙饰卷草纹。

松竹梅纹是明清时期青花及釉里红瓷器上的常见纹饰。古代文人喜爱寄物抒情，借自然物来表现自己的理想品格和对精神境界的追求。坚毅不拔的青松，挺拔多姿的翠竹，傲雪报春的冬梅，都不畏严霜、在岁寒中同生，历来被中国古今文人们所敬慕，被誉为"岁寒三友"，以此比喻忠贞的友谊。松竹梅合成的岁寒三友图案是古代常用的装饰题材，也逐渐演变成为雅俗共赏的吉祥图案，流传至今。此玉壶春瓶为清宫旧藏。

Pear-shaped vase with design of pine, bamboo and prunus in underglaze red
Hongwu Period, Ming Dynasty, Height 33.3cm　mouth diameter 8.7cm　foot diameter 11.3cm, Collected by the Palace Museum

35 | 青花花卉纹执壶

明洪武

通高 37.8 厘米　口径 7.7 厘米　足径 11.5 厘米

故宫博物院藏

壶侈口，细长颈，溜肩，腹下垂，圈足。有盖。一侧有长流，流与颈肩以一云板相连，另一侧有曲柄，连于颈腹之间。通体以青花为饰。口沿下饰回纹，再下为蕉叶纹、回纹、缠枝灵芝纹各一周；腹部饰菊纹，近足处饰变形莲瓣纹；流及柄均绘花卉纹，盖面绘缠枝花纹。

此执壶为清宫旧藏，是洪武青花瓷器中的佳作，造型优美，纹饰布局繁密，描绘细致。

Blue and white pot with handle at one side and design of flowers
Hongwu Period, Ming Dynasty, Overall height 37.8cm　mouth diameter 7.7cm　foot diameter 11.5cm, Collected by the Palace Museum

青花松竹梅纹执壶

明洪武

通高 38 厘米　口径 7.5 厘米　腹径 19.5 厘米　足径 11.7 厘米

1994 年出土于御窑东门头

壶身作玉壶春瓶式，细长流弯、以一云板与壶身相连，柄为曲带形，上有一小系，下端与壶身相连处饰以三颗凸起状铆钉。颈部饰蕉叶纹、回纹及缠枝花卉纹各一周。身上部绘云肩纹，腹部主题图案一面绘湖石、梅、竹纹，另一面绘湖石、松、竹纹，下腹部饰仰莲瓣纹一周。圈足外壁饰卷草纹。流绕饰莲花纹，柄内侧饰卷草纹，外饰缠枝栀子花纹。

Blue and white pot with handle at one side and design of pine, bamboo and prunus
Hongwu Period, Ming Dynasty, Overall height 38cm　mouth diameter 7.5cm　belly diameter 19.5cm　foot diameter 11.7cm, Unearthed at Dongmentou, Imperial Kiln in 1994

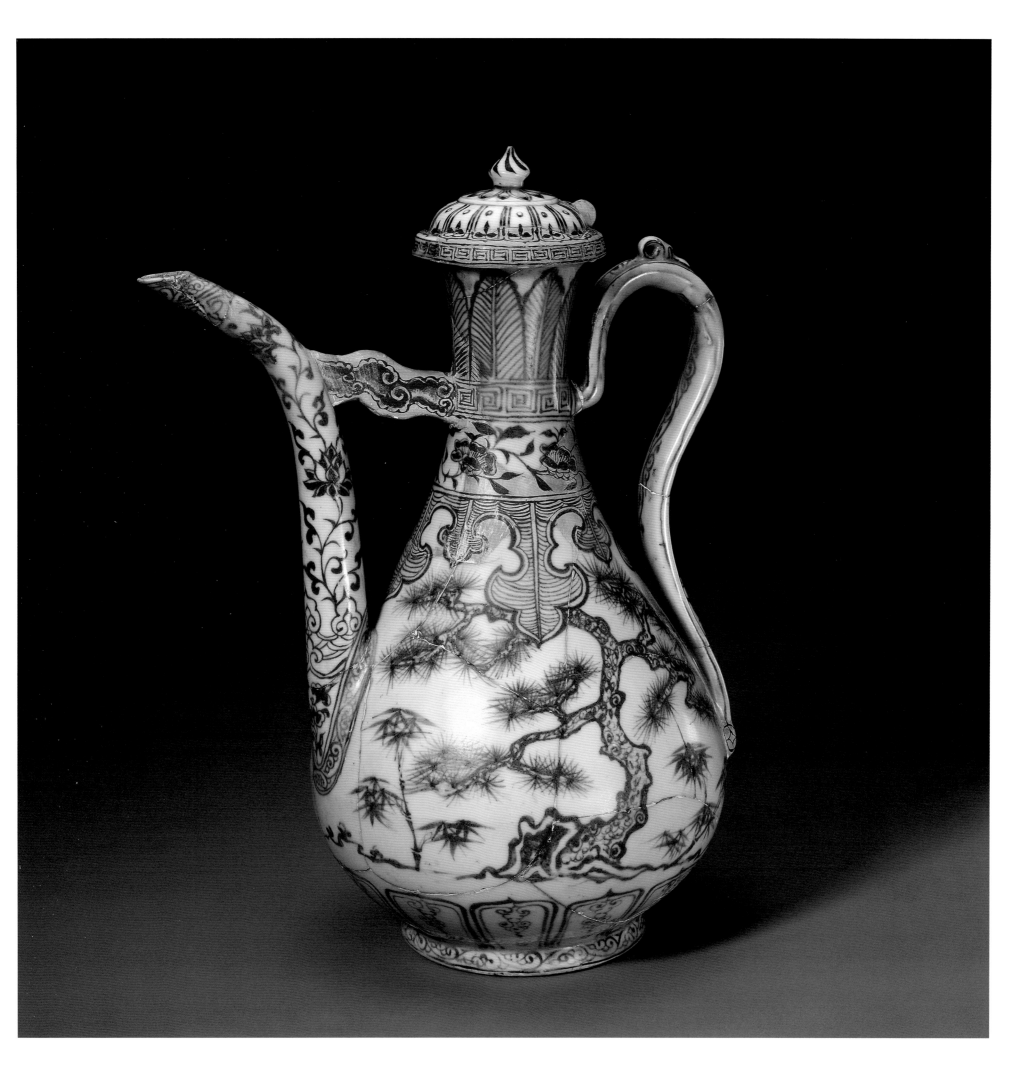

37 | 青花蕉叶纹执壶

明洪武
通高 38 厘米　口径 7.4 厘米　腹径 19.5 厘米　足径 11.2 厘米
1994 年出土于御窑东门头

壶身作玉壶春瓶式，小直口，束颈，鼓腹，圈足。细长流弯，以一云板与壶身相连，曲柄上端有一小系。盖宝珠顶，面上有一小系。通体施釉。盖面饰莲瓣纹，边饰卷草纹。壶口饰回纹一周，颈饰蕉叶纹、钱纹、缠枝菊纹、如意云头纹各一周，腹饰蕉叶湖石纹，下腹绘变形仰莲瓣纹，足壁饰回纹。流与柄外侧饰花卉纹，柄内侧饰卷草纹。

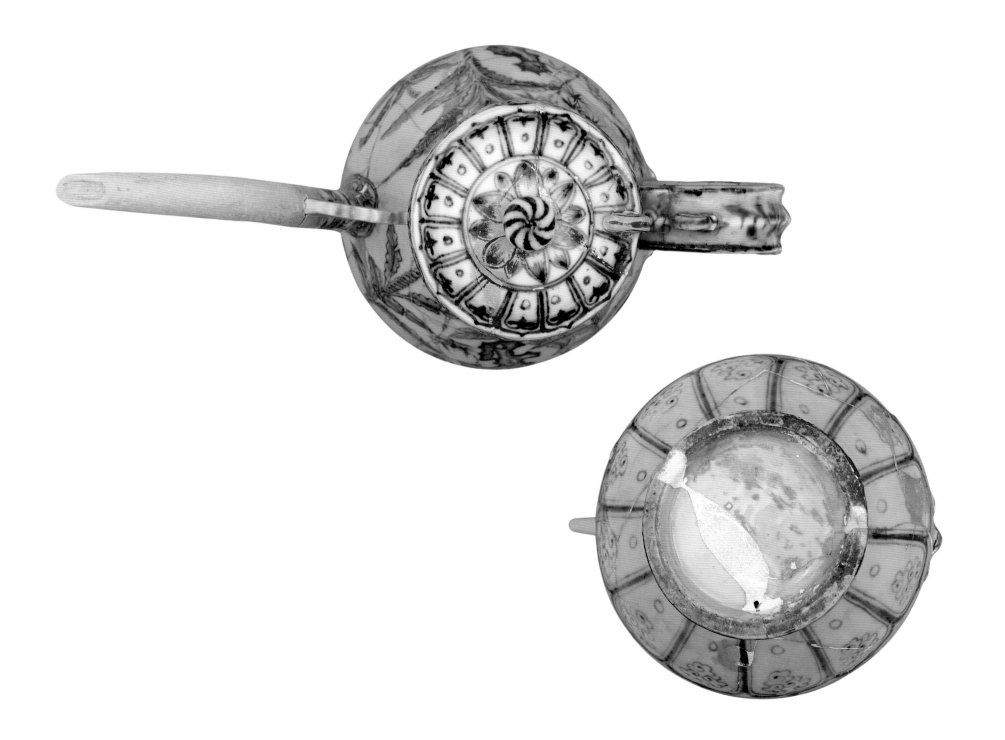

Blue and white pot with handle at one side and design of banana leaves
Hongwu Period, Ming Dynasty, Overall height 38cm mouth diameter 7.4cm belly diameter 19.5cm foot diameter 11.2cm, Unearthed at Dongmentou, Imperial Kiln in 1994

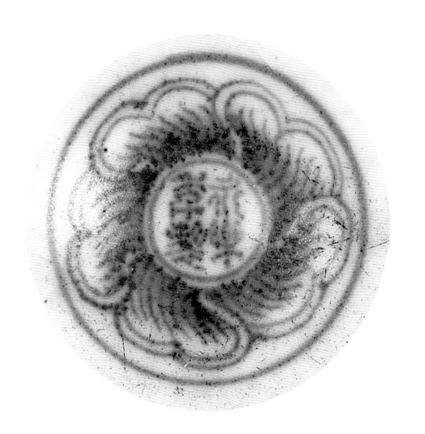

永乐时期

Yongle Period

38 | 青花海水江崖纹双耳三足炉

明永乐

高 55.5 厘米　口径 37.3 厘米　足距 35 厘米

故宫博物院藏

炉为鼎式，短颈，鼓腹，朝天耳，三兽蹄足。颈凸起鼓钉纹，炉内施白釉，外壁青花装饰海水江崖纹，海水汹涌叠起，浪花起伏相连，江崖稳稳地矗立在汹涌澎湃的海浪之中。

此炉为清宫旧藏，气势宏伟，制作工艺复杂，是永乐时期的惊天之作。它与青海博物馆藏"大明永乐年制"款铜炉相似。

Blue and white burner with two handles and three legs and design of stylized waves and mountain peaks
Yongle Period, Ming Dynasty, Height 55.5cm mouth diameter 37.3cm leg distance 35cm, Collected by the Palace Museum

39

青花海水江崖纹双耳三足炉

明永乐

高 60 厘米　口径 39 厘米

1994 年出土于御窑珠山

炉为鼎式，束颈，鼓腹，兽蹄足，"S"形双耳。颈部饰鼓钉，耳与腹部连接处饰朵云状雕件。通体绘青花海水江崖纹。

该器造型雄伟，海水江崖纹气势磅礴。

Blue and white burner with two handles and three legs and design of stylized waves and mountain peaks
Yongle Period, Ming Dynasty, Height 60cm mouth diameter 39cm, Unearthed at Zhushan, Imperial Kiln in 1994

青花云龙纹盘

明永乐

高 3.7 厘米　口径 19.2 厘米　足径 11.6 厘米

故宫博物院藏

盘侈口，浅腹，大圈足。里心白釉，刻云龙纹，外壁以青花绘两组云龙纹，口沿、足部饰弦纹。

此盘为清宫旧藏。与洪武时期青花云龙纹盘相似，不同的是呈色浓艳，釉质更滋润。

Blue and white plate with design of cloud and dragon
Yongle Period, Ming Dynasty, Height 3.7cm mouth diameter 19.2cm foot diameter 11.6cm, Collected by the Palace Museum

41

青花云龙纹碗

明永乐
高 9.1 厘米　口径 20 厘米　足径 5 厘米
故宫博物院藏

碗口微侈，深腹，弧壁，圈足。足内施白釉，无款识。通体以青花为饰，里心绘折枝花一束，内壁环绕缠枝莲花，口沿绘海水纹；外口沿绘回纹一周，腹部绘双龙戏珠纹，近足及足墙处分别绘有变形莲瓣、卷草纹。

此碗造型规整优美，釉质纯净细腻，青花色泽艳丽，浓重处有黑色斑痕，为当时采用进口青料所致。纹样纤细，绘工精湛，为永乐青花器中精品之作。

Blue and white bowl with design of cloud and dragon
Yongle Period, Ming Dynasty, Height 9.1cm　mouth diameter 20cm　foot diameter 5cm, Collected by the Palace Museum

42 | 青花云龙纹碗

明永乐
高 13.5 厘米　口径 34.7 厘米　足径 18.3 厘米
1994 年出土于御窑珠山

碗直口，弧腹，圈足。火石红底。以青花为饰，内口沿饰以小朵花，内壁绘缠枝花卉纹，里心双圈内绘折枝石榴纹；外壁绘双龙戏珠纹。

Blue and white bowl with design of cloud and dragon
Yongle Period, Ming Dynasty, Height 13.5cm　mouth diameter 34.7cm　foot diameter 18.3cm, Unearthed at Zhushan, Imperial Kiln in 1994

43 酱彩云龙纹碗

明永乐

高 9.2 厘米　口径 20.8 厘米　足径 8.6 厘米

1980 年出土于御窑珠山

碗侈口，斜弧腹，圈足。胎体薄而细腻。通体施白釉。外壁以酱彩绘双龙戏珠及云纹，下腹部饰变形莲瓣一周，口沿与足壁各饰弦纹一周。

高温酱彩装饰始见于永乐，同期还有酱彩龙纹填低温釉装饰。

Bowl with design of cloud and dragon in drak reddish brown
Yongle Period, Ming Dynasty, Height 9.2cm mouth diameter 20.8cm foot diameter 8.6cm, Unearthed at Zhushan, Imperial Kiln in 1980

44 内红釉外釉里红云龙纹碗

明永乐
高 9.2 厘米　口径 25.4 厘米　足径 9.7 厘米
2003 年出土于御窑珠山北麓

碗敞口，弧腹，圈足。外壁釉下用铜红料绘赶珠龙两条，隙地饰以朵云；内施红釉，里心隐约可见"永乐年制"四字篆书款。

该碗红釉深暗而釉里红偏灰。未见有类似传世品。

Bowl of red glazed inside and outside with design of cloud and dragon in underglaze red
Yongle Period, Ming Dynasty, Height 9.2cm mouth diameter 25.4cm foot diameter 9.7cm, Unearthed at the northern part of Zhushan, Imperial Kiln in 2003

红釉白云龙纹碗

明永乐
高 9.8 厘米　口径 25.8 厘米　足径 9.8 厘米
1983 年出土于御窑珠山

碗敞口，弧腹较浅，圈足。外壁施鲜红釉，内壁及圈足内施白釉。外壁露胎处以甜白釉填绘双龙戏珠及变形莲瓣纹，足壁饰卷草纹一周。

该器经高温烧成，红白相映，纹饰鲜艳夺目，为孤品。

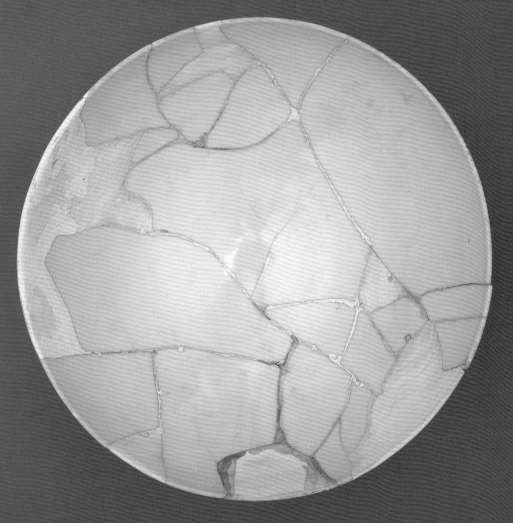

Bowl with design of cloud and dragon in white on red ground
Yongle Period, Ming Dynasty, Height 9.8cm mouth diameter 25.8cm foot diameter 9.8cm, Unearthed at Zhushan, Imperial Kiln in 1983

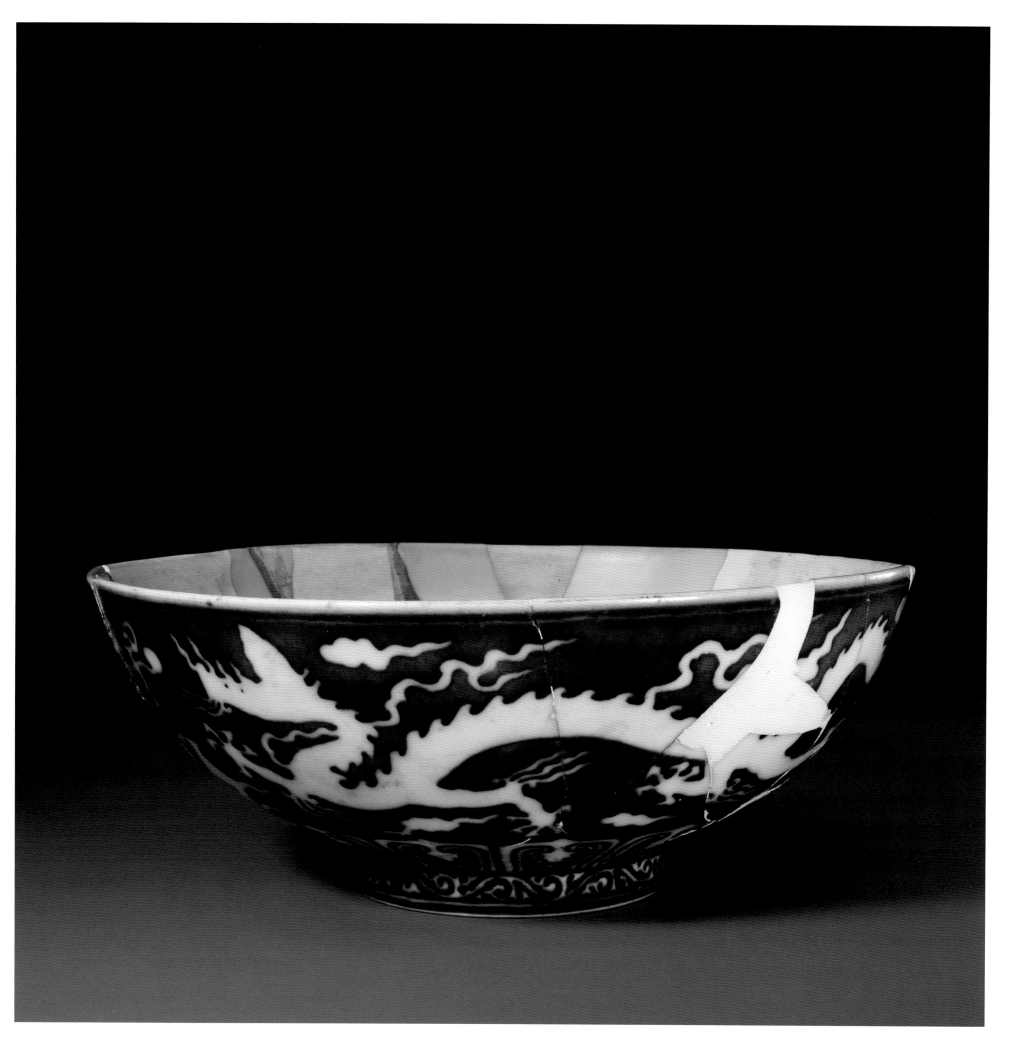

46 矾红彩云凤纹碗

明永乐
高 7.3 厘米　口径 13.2 厘米　足径 7.5 厘米
1984 年出土于御窑珠山

碗直口，弧腹，圈足。内外施白釉，足内满釉。外口沿处绘弦纹一周，壁绘矾红彩云凤纹，下腹饰变形莲瓣纹，足壁饰弦纹两周。

釉上红彩于金代出现于北方窑场，元代时传入景德镇窑。南京明故宫曾出土一件洪武官窑矾红彩云龙纹残盘。

White glazed bowl with design of phoenix and cloud in iron-red
Yongle Period, Ming Dynasty, Height 7.3cm mouth diameter 13.2cm foot diameter 7.5cm, Unearthed at Zhushan, Imperial Kiln in 1984

47 | 青花缠枝莲纹梅瓶

明永乐
高 24.7 厘米　口径 4.3 厘米　足径 10.1 厘米
故宫博物院藏

瓶小口，短颈，丰肩，长圆腹，腹下内敛，圈足。胎体洁白细腻，口部积釉处色闪青。足内砂底无釉。外壁以青花装饰，颈下绘卷草纹一周，腹部绘缠枝莲纹，近足处为朵莲纹。

此梅瓶为清宫旧藏。

Blue and white prunus vase with design of interlocking lotus
Yongle Period, Ming Dynasty, Height 24.7cm mouth diameter 4.3cm foot diameter 10.1cm, Collected by the Palace Museum

48 青花缠枝花卉纹鱼篓尊

明永乐
高 8 厘米　口径 11.2 厘米　底径 6 厘米
故宫博物院藏

尊直口，扁圆腹，圜底，外底有一涩圈。通体以青花为饰。里心饰折枝菊花；外腹由弦纹隔成三个装饰纹带：肩部饰菱格纹和环纹，腹部饰缠枝花纹，近底处绘云头纹和圆点纹。

鱼篓尊，尊式之一，器形似鱼篓，明代初期与清代初期均有烧制。明永乐器特征为直口，溜肩，鼓式腹，圜底；宣德时期器形为敞口，斜肩，圆腹下收，圈足。此器形式简洁，线条圆润。

Blue and white creel-shaped Zun vase with design of interlocking flowers
Yongle Period, Ming Dynasty, Height 8cm mouth diameter 11.2cm bottom diameter 6cm, Collected by the Palace Museum

49 青花缠枝花卉纹鱼篓尊

明永乐

高 8.5 厘米 口径 11 厘米 底径 7 厘米

故宫博物院藏

尊直口，扁圆腹，圜底，外底有一涩圈。通体以青花为饰，里心饰折枝菊花；外腹由弦纹隔成三个装饰纹带，肩部为菱格纹和环纹，腹部绘缠枝花纹，近底为云头纹和圆点纹。

此鱼篓尊为清宫旧藏。

Blue and white creel-shaped Zun vase with design of interlocking flowers
Yongle Period, Ming Dynasty, Height 8.5cm mouth diameter 11cm bottom diameter 7cm, Collected by the Palace Museum

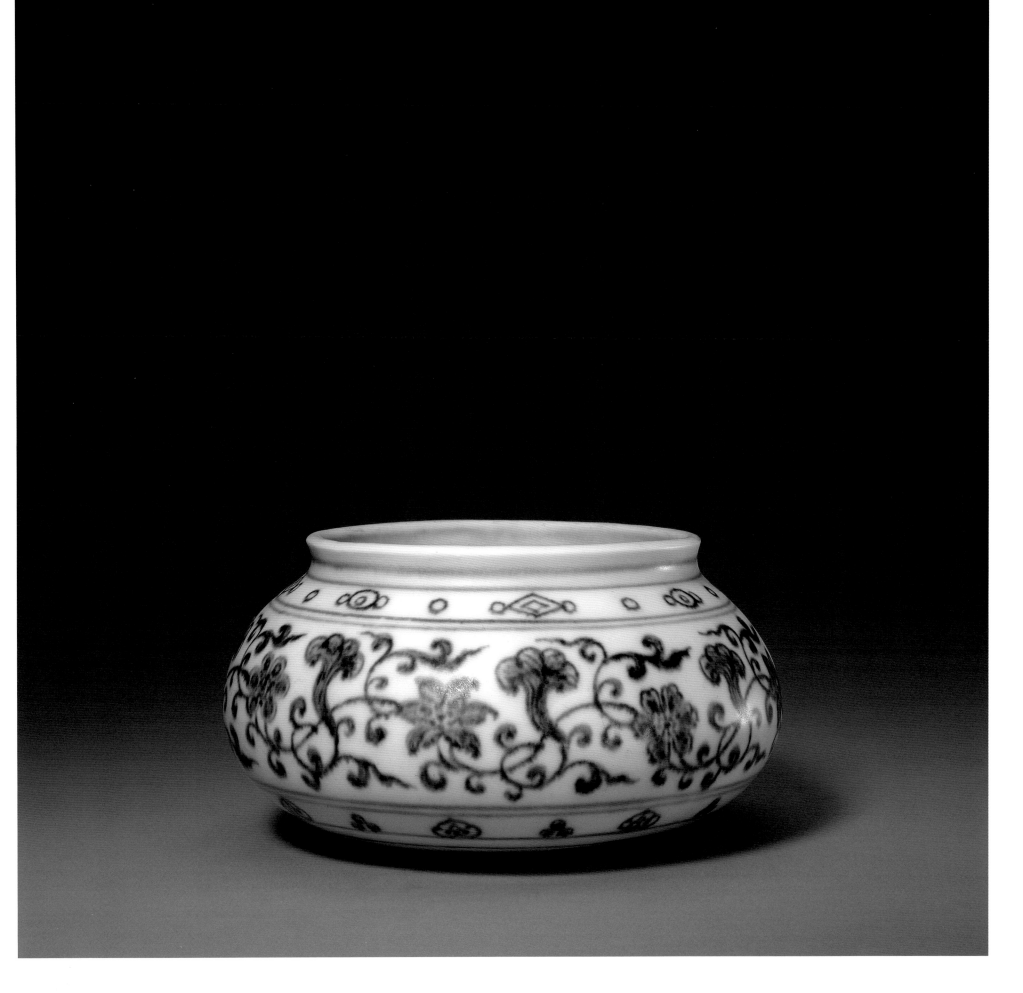

青花缠枝莲纹压手杯

明永乐
高 5.4 厘米　口径 9.1 厘米　足径 3.9 厘米
故宫博物院藏

杯侈口，深弧腹，丰底，圈足。内外壁均以青花为饰，里心单圈花卉纹中青花篆书"永乐年制"四字款；外口绘朵梅纹，外壁绘缠枝莲纹，足墙绘卷草纹。

压手杯是永乐时期青花瓷器中的精品，素负盛名。清初谷应泰在其所著的《博物要览》中说："压手杯，坦口折腰，砂足滑底。中心画双狮滚球，球内'大明永乐年制'六字或四字此为上品，鸳鸯心者次之，花心者又其次也。杯外青花深翠，式样精妙，传世可久，价亦甚高。"

此压手杯为清宫旧藏。

Blue and white press-hand cup with design of interlocking lotus
Yongle Period, Ming Dynasty, Height 5.4cm mouth diameter 9.1cm foot diameter 3.9cm, Collected by the Palace Museum

51 青花荷莲描金缠枝花卉纹碗

明永乐

高 6 厘米　口径 14.8 厘米　足径 5.6 厘米

故宫博物院藏

碗侈口，弧腹，圈足。以青花描金为饰。内壁用几何纹隔成两个装饰纹带：内心绘荷莲纹，腹部绘描金缠枝花纹；外口沿绘一周菱格纹，外壁绘缠枝花纹。

此碗胎体极为轻薄，几近脱胎，所采用的青花加描金装饰方式很少见，为永乐瓷器的精品。

Blue and white bowl with gilt design of interlocking flowers
Yongle Period, Ming Dynasty, Height 6cm　mouth diameter 14.8cm　foot diameter 5.6cm, Collected by the Palace Museum

52

金彩缠枝花卉纹钵

明永乐

高 13.8 厘米　口径 24.5 厘米　腹径 25.8 厘米

1994 年出土于御窑东门头

钵敛口，弧腹，下腹内敛，平底。内外施白釉，釉面有开片，底未施釉。外壁饰贴金缠枝花卉纹。

此种器物不见传世品，与之同时出土的还有金彩碗、盘等。

White glazed alms bowl with design of interlocking flowers in gold foil
Yongle Period, Ming Dynasty, Height 13.8cm mouth diameter 24.5cm belly diameter 25.8cm, Unearthed at Dongmentou, Imperial Kiln in 1994

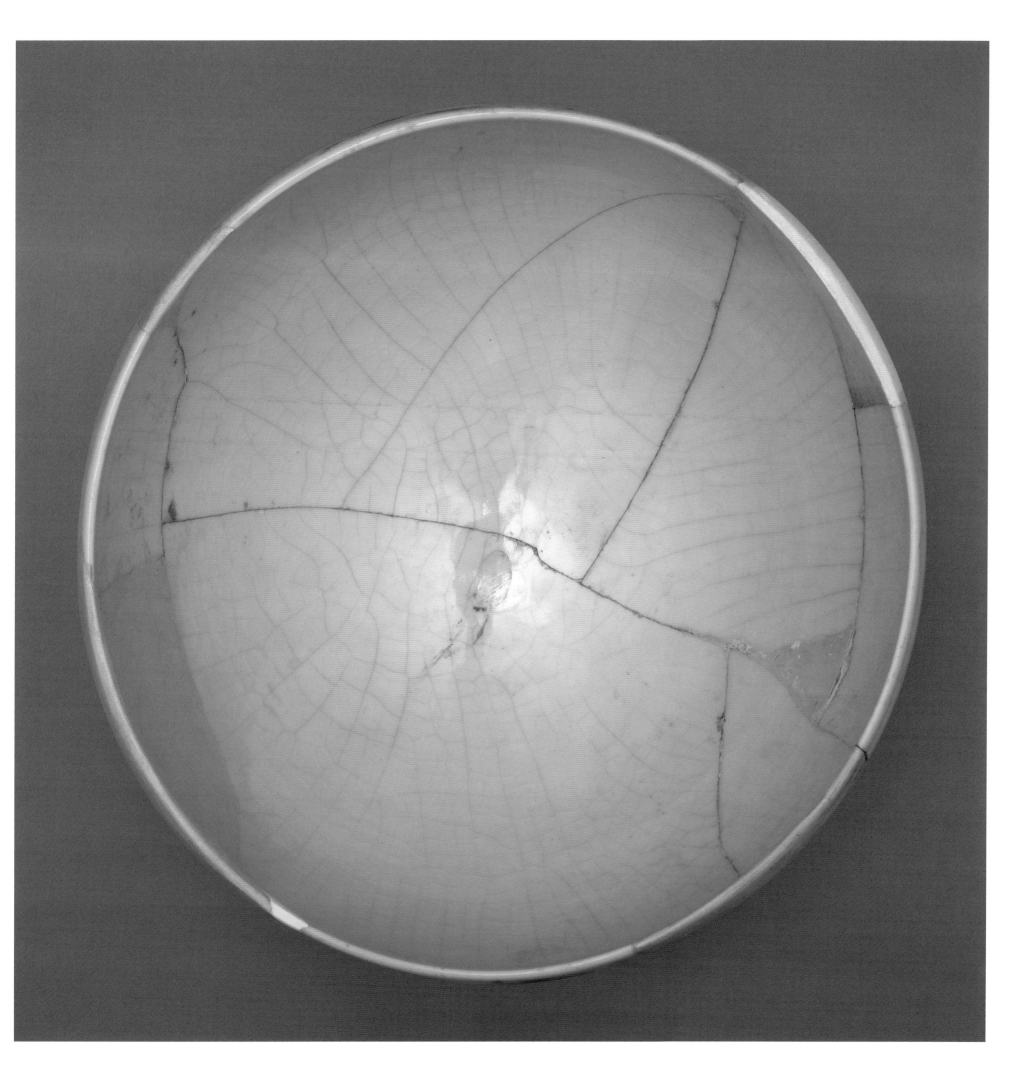

青花折枝花卉纹双系罐

明永乐
通高 9.5 厘米　口径 3.3 厘米　足径 6.3 厘米
故宫博物院藏

罐卷口，肩部有对称双系，鼓腹，平底实足，宝珠钮盖。通体以青花装饰，底无釉。器盖侧面绘变形莲瓣纹，肩及近底处绘莲瓣纹，腹部绘折枝花卉纹。

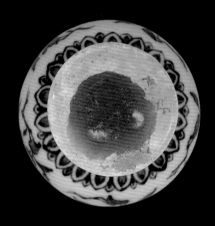

Blue and white jar with two handles and design of disconnected sprays of flowers
Yongle Period, Ming Dynasty, Overall height 9.5cm mouth diameter 3.3cm foot diameter 6.3cm, Collected by the Palace Museum

青花缠枝莲纹双系罐

明永乐

通高 6 厘米　口径 2.5 厘米　足径 5.4 厘米

故宫博物院藏

罐卷口，肩部有对称双系，鼓腹，平底实足，宝珠钮盖。通体以青花装饰，底无釉。腹饰缠枝莲纹，盖侧面饰朵花纹。

此器造型规整端庄，胎体洁白，胎质坚硬，十分轻薄，纹饰洗练自然，反映出永乐瓷器轻巧、秀美的特征。

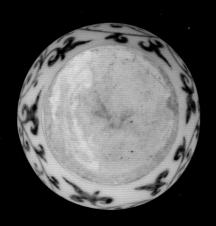

Blue and white jar with two handles and design of interlocking lotus
Yongle Period, Ming Dynasty, Overall height 6cm　mouth diameter 2.5cm　foot diameter 5.4cm, Collected by the Palace Museum

55 | 青花缠枝花卉纹罐

明永乐
高 17 厘米　口径 14.4 厘米　足径 9 厘米
故宫博物院藏

罐直口，短颈，溜肩，圆腹，瘦胫，圈足。里白釉，外以青花为饰，足内白釉无款识。颈部绘卷草纹，肩及足墙均绘波浪纹，腹部主题纹饰绘缠枝花卉纹，近足处绘变形莲瓣纹，莲瓣内绘如意云头，云头内绘灵芝。

此罐造型及纹饰均具有伊斯兰风格，为中西文化交流的产物。

Blue and white jar with design of interlocking flowers
Yongle Period, Ming Dynasty, Height 17cm mouth diameter 14.4cm foot diameter 9cm, Collected by the Palace Museum

56

青花花卉纹大盘

明永乐

高 9.8 厘米　口径 62.3 厘米　足径 48 厘米

故宫博物院藏

盘敞口微敛，圆唇，浅弧腹，矮圈足内壁斜削。足内无釉，露出泛黄色的白胎，胎质细腻光滑。内外壁均以青花装饰，内壁绘八组不同的花卉图，里心绘一幅池边花石图；外壁亦绘八组花卉图。

此盘为清宫旧藏。内外壁青花图案题材统一，布局严谨，里心图案生动，青花发色浓郁，呈现出大气典雅的风格。

Blue and white large plate with design of flowers
Yongle Period, Ming Dynasty, Height 9.8cm　mouth diameter 62.3cm　foot diameter 48cm, Collected by the Palace Museum

青花把莲纹大盘

明永乐
高 7 厘米　口径 41 厘米　足径 30 厘米
故宫博物院藏

盘敞口微敛，圆唇，浅弧腹，矮圈足内壁斜削。足内无釉，露出泛黄色的胎骨，细腻光滑。内外壁均青花装饰。内壁口沿下绘一圈海水纹，腹部绘缠枝花，里心绘一束折枝莲，一朵大莲花居中，小莲花、莲蓬、莲叶相间；外壁口沿下绘一圈卷草纹，腹部缠枝花图样与内壁相同，下绘回纹。

此盘为清宫旧藏。浓郁的青花发色及其主题纹样均体现出永乐时期该类器物的典型特点。

Blue and white large plate with design of a bundle of lotus
Yongle Period, Ming Dynasty, Height 7cm mouth diameter 41cm foot diameter 30cm, Collected by the Palace Museum

58 青花松树纹大盘

明永乐
高 7.2 厘米　口径 41 厘米　足径 28.5 厘米
1994 年出土于御窑东门头

盘口微敛，浅弧腹，圈足矮而薄。火石红底。以青花为饰，里心以松树为主体图案，衬以棕树、萱草、湖石、小草等，构成一幅有纵深的小景。内外壁均绘牡丹、山茶、菊、莲等各式折枝花纹。

Blue and white large plate with design of pine
Yongle Period, Ming Dynasty, Height 7.2cm mouth diameter 41cm foot diameter 28.5cm, Unearthed at Dongmentou, Imperial Kiln in 1994

59

青花松竹梅纹碗

明永乐
高 8.9 厘米 口径 22 厘米 足径 6.8 厘米
故宫博物院藏

碗敞口，斜壁内收，圈足。内施白釉，底白釉无款。外壁青花绘松竹梅纹。此碗为清宫旧藏。

Blue and white bowl with design of pine, bamboo and prunus
Yongle Period, Ming Dynasty, Height 8.9cm mouth diameter 22cm foot diameter 6.8cm, Collected by the Palace Museum

釉里红梅竹纹笔盒

明永乐
通高 8.2 厘米　长 31.8 厘米　宽 7.2 厘米
1984 年出土于御窑珠山

盒盖面平，直壁，子母口，内分隔成形状、大小不等的三格。盒、盖内外均施釉，平底无釉。以釉里红为饰，盖面绘梅竹纹，侧面绘缠枝花卉纹；盒身外壁绘缠枝莲纹。

Pencil box with design of plum and bamboo in underglaze red
Yongle Period, Ming Dynasty, Overall height 8.2cm length 31.8cm width7.2cm, Unearthed at Zhushan, Imperial Kiln in 1984

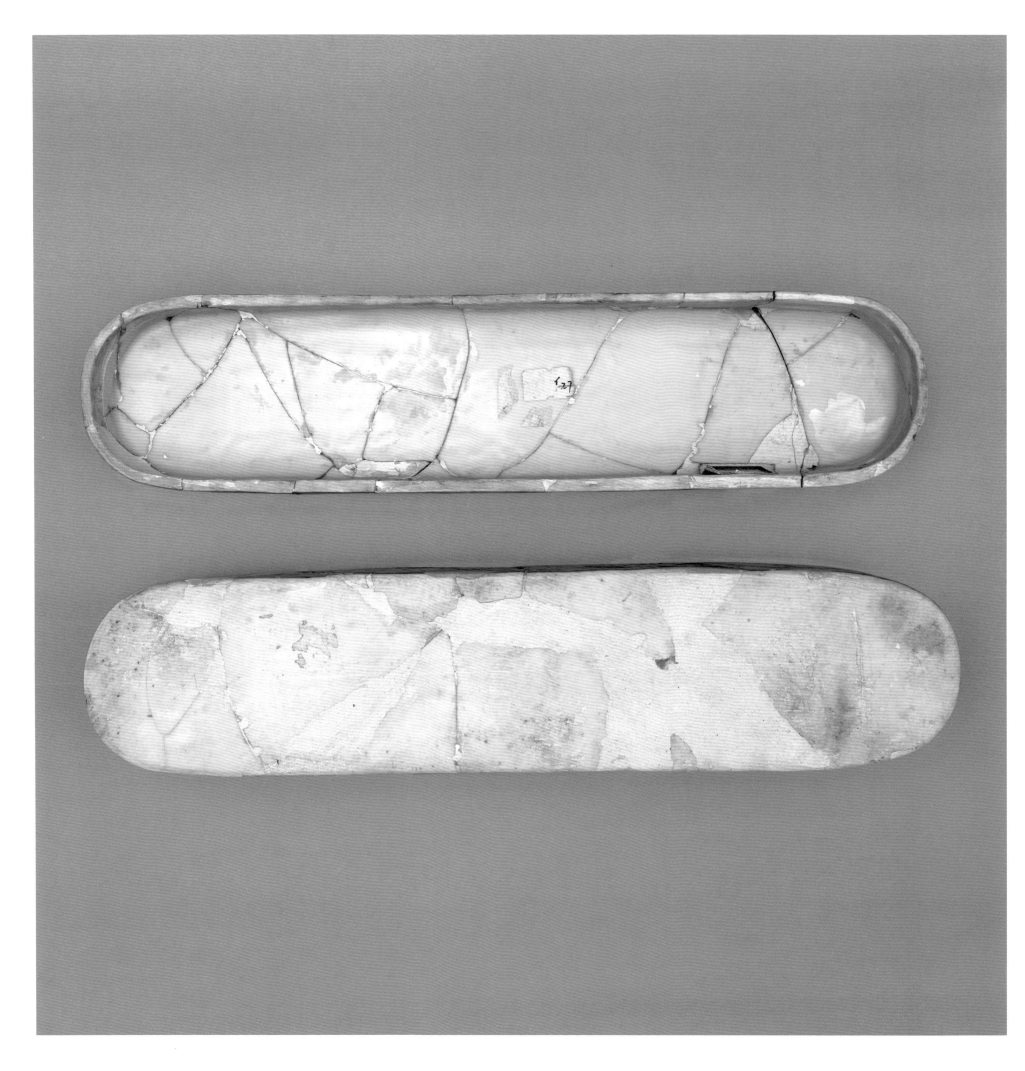

61　青花缠枝灵芝纹碗

明永乐
高 5.6 厘米　口径 10.9 厘米　足径 4.4 厘米
故宫博物院藏

碗侈口，口以下内收，底部较丰满，圈足。釉色白中泛青，青花呈色浓艳，有明显的铁结晶斑。内外均以青花装饰，内口沿饰弦纹两道，里心双圈内饰勾莲一朵；外口沿饰弦纹一道，腹部绘缠枝灵芝六朵，足部有弦纹两道。

此碗为清宫旧藏。

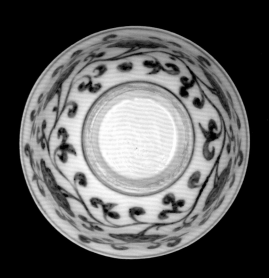

Blue and white bowl with design of interlocking Lingzhi fungus
Yongle Period, Ming Dynasty, Height 5.6cm　mouth diameter 10.9cm　foot diameter 4.4cm, Collected by the Palace Museum

青花折枝山茶花纹碗

明永乐
高 5.9 厘米　口径 11.1 厘米　足径 4.6 厘米
故宫博物院藏

碗侈口，深腹，圈足。内外均以青花装饰，内口饰卷草纹一周，里心双圈内饰勾莲一朵；外壁饰折枝山茶花纹，足部饰弦纹。

此碗为清宫旧藏。纹饰简洁，清新明快。

Blue and white bowl with design of disconnected sprays of camellias
Yongle Period, Ming Dynasty, Height 5.9cm mouth diameter 11.1cm foot diameter 4.6cm, Collected by the Palace Museum

青花折枝花卉纹碗

明永乐
高 9.2 厘米　口径 21.2 厘米　足径 9.5 厘米
故宫博物院藏

碗侈口，圈足。内外以青花装饰，碗心双圈内饰折枝石榴纹，内口沿饰卷草纹，外壁饰折枝月季、牡丹等，足墙饰一周弦纹。

Blue and white bowl with design of disconnected sprays of flowers
Yongle Period, Ming Dynasty, Height 9.2cm　mouth diameter 21.2cm　foot diameter 9.5cm, Collected by the Palace Museum

青花缠枝莲纹碗

明永乐
高 4.5 厘米　口径 12.9 厘米　足径 4.3 厘米
故宫博物院藏

碗敞口，浅腹，底内凹，里心凸起，以碗壁充当圈足，故也称"卧足碗"。通体以青花为饰。里心饰桃形花蕊，外环饰缠枝花纹及变形桃纹，里口饰朵梅纹；外口沿下饰缠枝莲纹，近足处饰变形仰莲瓣纹及回纹。

此碗为清宫旧藏。造型线条圆润，纹饰集中在口、底处，强化了器物轻巧简洁的特色。

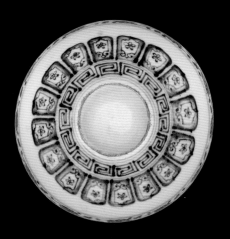

Blue and white bowl with design of interlocking lotus
Yongle Period, Ming Dynasty, Height 4.5cm　mouth diameter 12.9cm　foot diameter 4.3cm, Collected by the Palace Museum

青花缠枝莲纹碗

明永乐

高 4.4 厘米　口径 13.1 厘米　足径 4 厘米

故宫博物院藏

碗敞口，浅壁，卧足，里心凸起。通体以青花为饰，足内白釉无款识。里心绘桃形花蕊，外环饰缠枝莲纹及变形桃纹，口沿绘朵梅纹；外口沿绘缠枝莲纹，上下两道弦线，近足处绘变形仰莲瓣纹及回纹。

此碗造型圆润秀丽，纹饰布局工整匀称，装饰性较强，青花色泽浓艳，有深入胎骨的蓝色结晶斑痕，给人以凝重深沉含蓄之感。

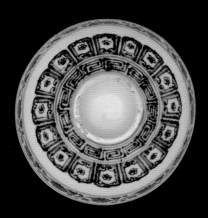

Blue and white bowl with design of interlocking lotus
Yongle Period, Ming Dynasty, Height 4.4cm mouth diameter 13.1cm foot diameter 4cm, Collected by the Palace Museum

147

66 青花菊瓣纹鸡心碗

明永乐
高 5.9 厘米　口径 10.2 厘米　足径 3 厘米
故宫博物院藏

碗敞口，深腹，瘦底，至底心呈尖形，俗称"鸡心碗"。内外均以青花装饰，内口沿饰回纹一周，里心饰六瓣团花，外绕变形卷草纹、勾连纹，每层纹饰之间以两道弦纹相隔；外壁腹部绘实心菊瓣纹，足部为弦纹两道。

此碗为清宫旧藏。小巧玲珑，釉色白中泛青，青花呈色浓艳，有晕散。碗内纹饰具有阿拉伯风格。

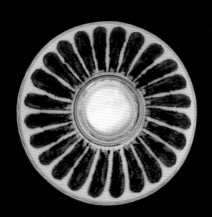

Blue and white heart-shaped bowl with design of chrysanthemum-petals
Yongle Period, Ming Dynasty, Height 5.9cm　mouth diameter 10.2cm　foot diameter 3cm, Collected by the Palace Museum

67 | 青花阿拉伯式花纹鸡心碗

明永乐
高 6 厘米　口径 10.2 厘米　足径 2.8 厘米
故宫博物院藏

碗敞口，深腹，瘦底，至底心呈尖形。内外均以青花装饰，内口沿饰卷草纹一周，里心饰具有异域风格的十字形花纹，外绕变形回纹、阿拉伯式花纹，每层纹饰之间以两道弦纹相隔；外壁口沿为回纹一周，腹绘阿拉伯式花纹，足部为相互交错的折曲纹。

此碗为清宫旧藏。小巧玲珑，纹饰风格独特，特别是碗心的图案，具有浓厚的阿拉伯风格。

Blue and white heart-shaped bowl with Arabian patterns
Yongle Period, Ming Dynasty, Height 6cm mouth diameter 10.2cm foot diameter 2.8cm, Collected by the Palace Museum

149

青花阿拉伯式花纹绶带耳葫芦扁瓶

明永乐

高 25.5 厘米　口径 3.4 厘米　足横 6.1 厘米

故宫博物院藏

瓶呈葫芦形，两侧有绶带耳，椭圆形圈足。足内白釉无款。以青花为饰，腹部主题图案两面均绘阿拉伯式花纹，四周衬以缠枝花纹、朵花纹等边饰。

此瓶为清宫旧藏。造型秀丽，釉质滋润肥厚，青花色泽浓艳。这种葫芦扁瓶在清代雍正年间景德镇御窑厂也有仿烧，但数量不是很多。

Blue and white gourd-shaped flat vase with ribbon-shaped handles and Arabian patterns
Yongle Period, Ming Dynasty, Height 25.5cm mouth diameter 3.4cm length of foot 6.1cm, Collected by the Palace Museum

青花阿拉伯式花纹绶带耳葫芦扁瓶

明永乐
高 26.1 厘米　口径 3.2 厘米　足横 6 厘米　足纵 4.8 厘米
故宫博物院藏

瓶呈葫芦式，扁圆腹，肩颈间对称饰绶带耳，椭圆形圈足。足内白釉无款。通体以青花为饰，口沿青花弦纹两道，下绘缠枝花纹一周，腹前后两面绘阿拉伯式花纹，耳部饰朵花纹。

此瓶为清宫旧藏。造型仿西亚阿拉伯地区铜器，线条转折变化自然流畅，尤其是颈肩部对称装饰的绶带耳，与圆形的腹部形成了虚实对比，造成强烈的艺术效果，给人以较高的艺术享受。

Blue and white gourd-shaped flat vase with ribbon-shaped handles and Arabian patterns
Yongle Period, Ming Dynasty, Height 26.1cm　mouth diameter 3.2cm　length of foot 6cm　width of foot 4.8cm, Collected by the Palace Museum

青花阿拉伯式花纹绶带耳葫芦扁瓶

明永乐
高 30.2 厘米　口径 3.3 厘米　腹横 21.3 厘米　足横 6.8 厘米
1994 年出土于御窑东门头

瓶口鼓起，颈部收束，两侧有绶带耳，身扁圆，足呈椭圆形。足底施白釉。颈部两组弦纹间饰缠枝菊纹一周，身两面均饰阿拉伯式花纹，周绘卷草纹。

此扁瓶造型仿自 12 世纪阿拉伯地区金属器。

Blue and white gourd-shaped flat vase with ribbon-shaped handles and Arabian patterns
Yongle Period, Ming Dynasty, Height 30.2cm mouth diameter 3.3cm length of belly 21.3cm length of foot 6.8cm, Unearthed at Dongmentou, Imperial Kiln in 1994

71 甜白釉划阿拉伯式花纹绶带耳葫芦扁瓶

明永乐

高 32 厘米　口径 4.2 厘米　足横 6.7 厘米

故宫博物院藏

瓶小圆口，束颈，绶带耳，扁圆腹，椭圆形圈足。通体施白釉，釉色洁白、温润、雅致。腹部划阿拉伯式花纹饰。

甜白釉是永乐时期特有的品种，由于它洁白、莹润，好似白糖的质感，因此被称为"甜白釉"。这件绶带耳葫芦式扁瓶的造型源自西亚的金银器扁壶，带有浓郁的阿拉伯文化韵味。

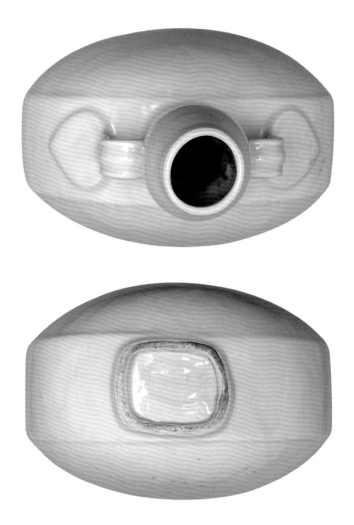

Sweet white glazed gourd-shaped flat vase with ribbon-shaped handles and incised Arabian patterns
Yongle Period, Ming Dynasty, Height 32cm mouth diameter 4.2cm length of foot 6.7cm, Collected by the Palace Museum

72 甜白釉绶带耳葫芦扁瓶

明永乐
高 30.1 厘米　口径 3.4 厘米　腹横 21 厘米
1983 年出土于御窑珠山

瓶口鼓起，颈部收束，两侧有绶带耳，身扁圆。器身施白釉，瓶底两棱边去釉露胎。

该器仿自伊斯兰地区金属器皿，造型同伊斯兰教朝圣者所携带之水壶。永乐时仿制该类器皿疑为朝贡式贸易之需。该类扁瓶在做法及风格上有早、晚期之分：早期器物无足，仅瓶底两棱边去釉露胎；晚期则在瓶面雕刻阿拉伯式花纹。此瓶当为永乐早期之物。

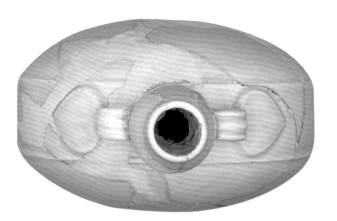

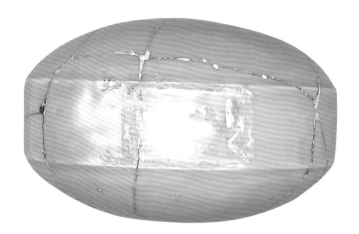

Sweet white glazed gourd-shaped flat vase with ribbon-shaped handles
Yongle Period, Ming Dynasty, Height 30.1cm　mouth diameter 3.4cm length of belly 21cm, Unearthed at Zhushan, Imperial Kiln in 1983

青花折枝茶花纹如意耳扁瓶

明永乐
高 25.7 厘米　口径 3 厘米　底横 10 厘米　底纵 7.3 厘米
故宫博物院藏

瓶小口，细直颈，溜肩，颈、肩之间有对称如意形耳，扁圆腹，椭圆形平底微内凹。底无釉露胎，通体以青花为饰。颈部绘缠枝花卉纹，肩部绘蕉叶纹，腹部绘折枝茶花纹。

如意耳扁瓶造型源自阿拉伯地区的铜器，为明初受外来文化影响的产物，土耳其多有收藏，清代雍正时期也曾仿烧。此扁瓶为清宫旧藏。

Blue and white flat vase with Ruyi-shaped handles and design of disconnected sprays of camellias
Yongle Period, Ming Dynasty, Height 25.7cm　mouth diameter 3cm　length of bottom 10cm　width of bottom 7.3cm, Collected by the Palace Museum

74 青花折枝茶花纹如意耳扁瓶

明永乐

高 28.5 厘米　口径 3.2 厘米　底横 12.5 厘米

1994 年出土于御窑东门头

瓶直口，细颈，两如意形小耳，身扁圆，平底。底呈火石红。通体以青花为饰，颈部饰折枝花卉纹，肩饰蕉叶纹，腹两面饰折枝茶花纹。

该扁瓶成型工艺与其他扁瓶有所不同，其瓶身不是上下黏结，而是两侧黏结，瓶身较明代其他扁瓶更为扁平。

Blue and white flat vase with Ruyi-shaped handles and design of disconnected sprays of camellias
Yongle Period, Ming Dynasty, Height 28.5cm mouth diameter 3.2cm length of bottom 12.5cm, Unearthed at Dongmentou, Imperial Kiln in 1994

75 青花缠枝花卉纹扁瓶

明永乐
高 44.9 厘米　口径 8.2 厘米　足横 14 厘米　足纵 10 厘米
故宫博物院藏

瓶口微敞，长束颈，扁圆形腹，椭圆形浅圈足。足内施白釉，通体以青花装饰。颈饰缠枝卷叶纹，腹饰缠枝莲花、茶花、野山菊、苜蓿花、海棠花等。

此器为清宫旧藏。造型源自西亚地区的金属器皿，装饰花纹满布，典雅华丽，具有浓郁的伊斯兰文化风格，反映了永乐时期官窑器物造型和装饰对西亚地区艺术风格的借鉴。

Blue and white flat vase with design of interlocking flowers
Yongle Period, Ming Dynasty, Height 44.9cm mouth diameter 8.2cm length of foot 14cm width of foot 10cm, Collected by the Palace Museum

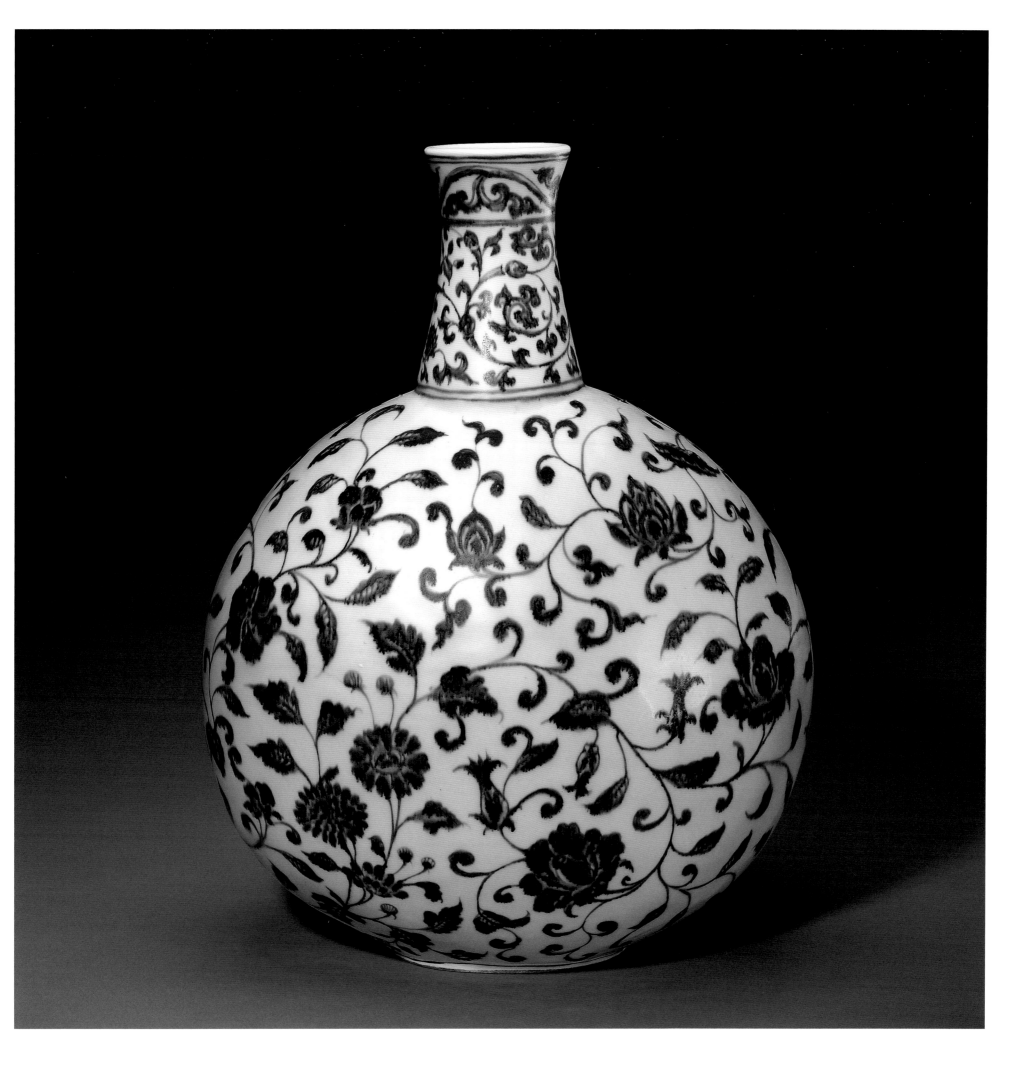

76 青花穿花龙纹扁瓶

明永乐
高 47 厘米　口径 9 厘米　足横 14.7 厘米　足纵 9.7 厘米
故宫博物院藏

瓶口微敞，长束颈，扁圆球腹，椭圆形圈足。足内施白釉。通体以青花装饰，颈部上饰回纹，下部饰缠枝花卉纹，腹部两面均饰穿花龙纹。

此扁瓶为清宫旧藏。造型为永乐官窑新创，借鉴自西亚地区的金属器皿。青花色调浓重艳丽，所饰龙纹刚健威猛，气势奔放。

Blue and white flat vase with design of dragon among flowers
Yongle Period, Ming Dynasty, Height 47cm　mouth diameter 9cm　length of foot 14.7cm width of foot 9.7cm, Collected by the Palace Museum

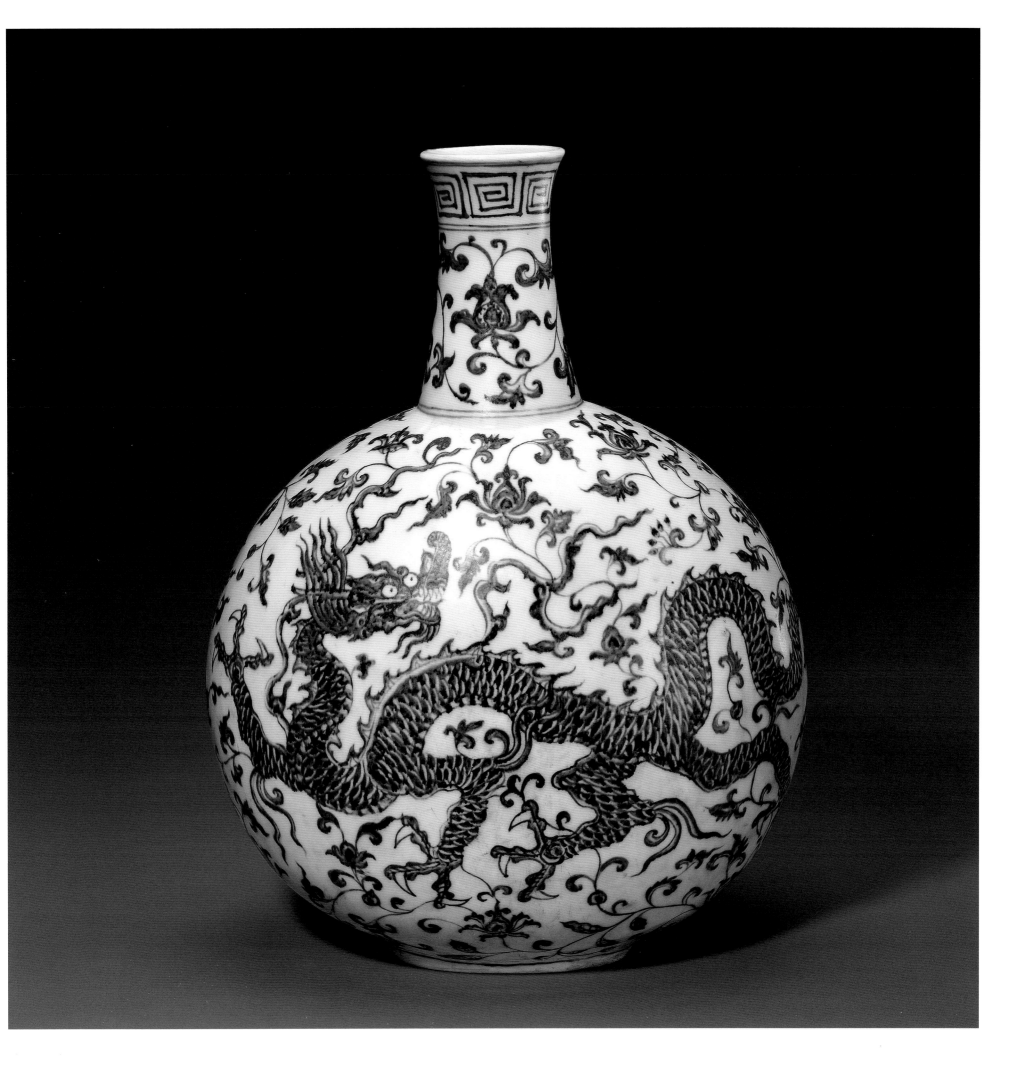

青花海水刻白龙纹扁瓶

明永乐
高 45 厘米　口径 8.2 厘米　足横 14.6 厘米　足纵 9.9 厘米
故宫博物院藏

扁瓶小口微敞，细颈至肩渐宽，溜肩，球形腹，椭圆形圈足。足内白釉无款。以青花为饰。口沿绘卷草纹，颈部绘缠枝莲花纹，腹部饰海水江崖三爪白龙纹。

此器为青花留白装饰，以青花绘波涛翻滚的海水江崖，刻划留白龙纹跃于汹涌的海浪中，这种装饰比白地绘青花龙纹更具立体效果，龙犹如跃于海涛之上，气势威武。

Blue and white flat vase with incised design of dragon in reserved white
Yongle Period, Ming Dynasty, Height 45cm mouth diameter 8.2cm length of foot 14.6cm width of foot 9.9cm, Collected by the Palace Museum

78 青花海水刻白龙纹扁瓶

明永乐

高 45 厘米　口径 8.2 厘米　足横 14.5 厘米

1994 年出土于御窑东门头

壶侈口，束颈，身扁圆，椭圆形浅圈足。足内刷釉。口沿饰卷草纹，颈部饰缠枝花卉纹，身两面饰青花海水地刻三爪白龙纹，龙作回首状，龙眼以青料点出。

Blue and white flat vase with incised design of dragon in reserved white
Yongle Period, Ming Dynasty, Height 45cm　mouth diameter 8.2cm　length of foot 14.5cm, Unearthed at Dongmentou, Imperial Kiln in 1994

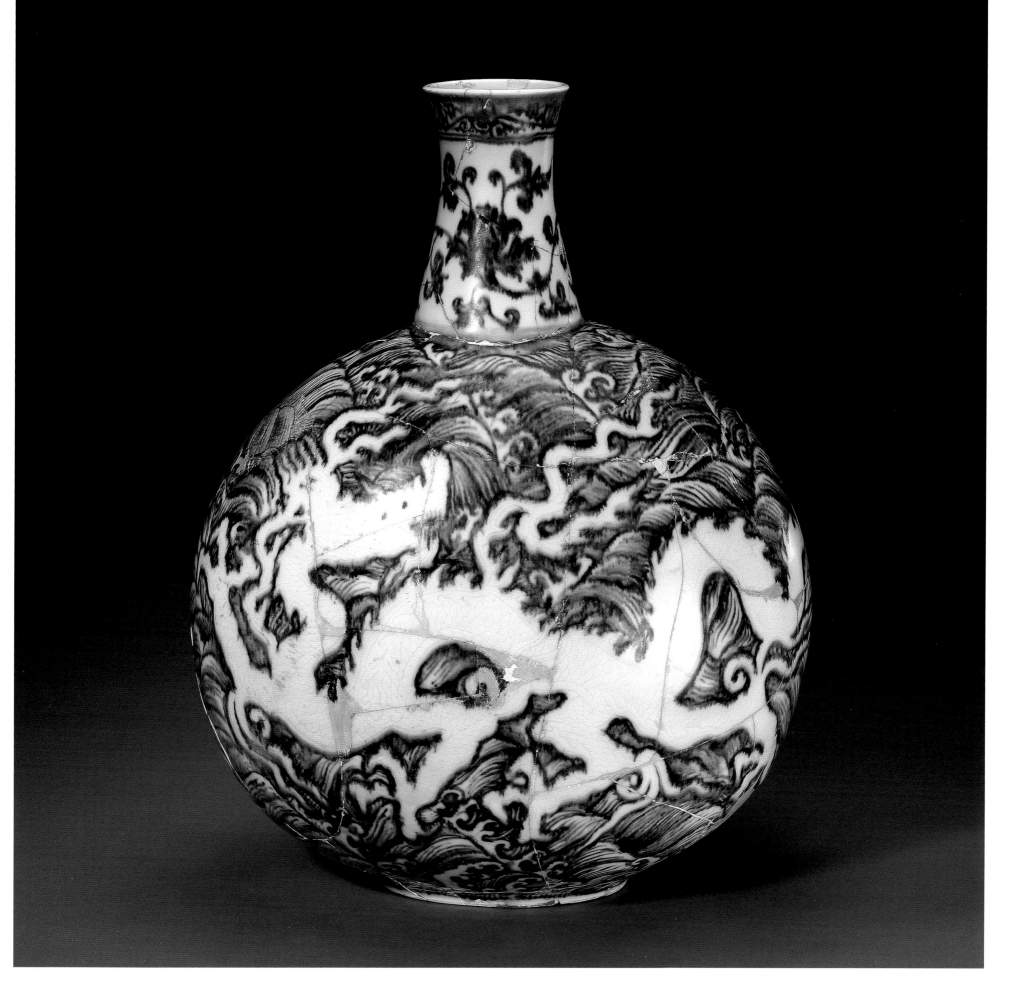

79 青花海水刻白龙纹梅瓶

明永乐

高 40 厘米　口径 9 厘米　腹径 26.5 厘米　足径 18.6 厘米

1994 年出土于御窑东门头

瓶圆唇小口，短颈，圆肩，下腹内收，宽浅圈足外撇。滑底。肩部绘变形莲瓣纹，内填杂宝。身刻戏珠五爪龙纹，地满饰青花海浪，龙眼以青料点出。下部绘变形莲瓣纹，内填莲花。该梅瓶青料浓艳，多有黑褐色斑块。

Blue and white prunus vase with incised design of dragon in reserved white

Yongle Period, Ming Dynasty, Height 40cm mouth diameter 9cm belly diameter 26.5cm foot diameter 18.6cm, Unearthed at Dongmentou, Imperial Kiln in 1994

80

青花地刻白云龙纹梅瓶

明永乐

高 41 厘米　口径 7.6 厘米　足径 17.4 厘米

1999 年出土于御窑珠山

瓶圆唇小口，短颈，圆肩，下腹略内收，圈足。火石红底。内壁施白釉。外壁以青花为地，腹刻白云升龙纹，底部刻白海水纹。

Prunus vase with incised design of cloud and dragon in white on blue ground
Yongle Period, Ming Dynasty, Height 41cm mouth diameter 7.6cm foot diameter 17.4cm, Unearthed at Zhushan, Imperial Kiln in 1999

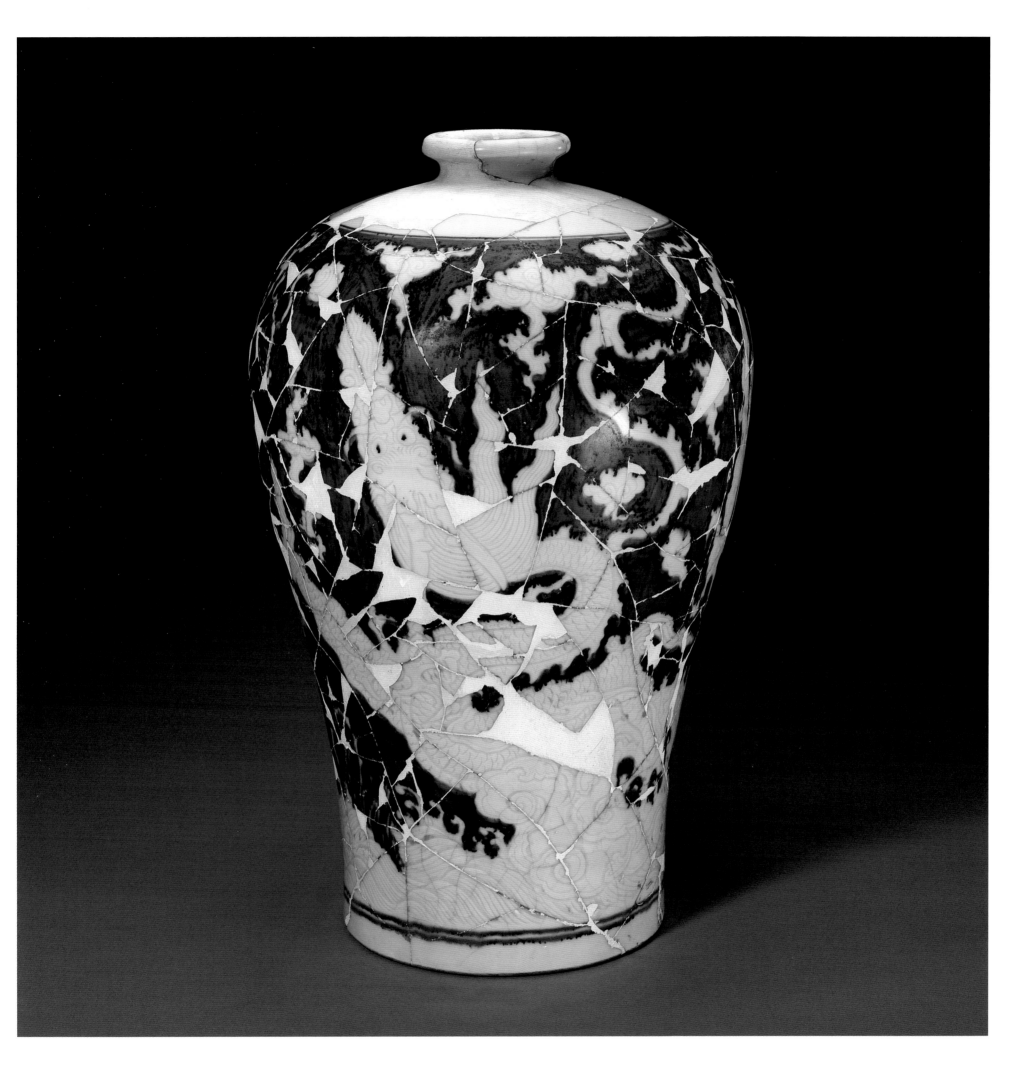

81

青花釉里红海水云龙纹梅瓶

明永乐

高 34.1 厘米　口径 6.7 厘米　足径 15.9 厘米

2003 年出土于御窑珠山北麓

瓶圆唇，束颈，丰肩，鼓腹，隐浅圈足。滑底。肩部分别用青料和釉里红料绘朵云纹，红蓝相间，别具一格。瓶身以釉里红料绘一赶珠龙纹，龙双角、五爪、竖发，龙眼以青料点出。下部以青料绘海水江崖纹，山峰挺立，海涛澎湃。

Blue and white prunus vase with design of cloud and dragon in underglaze red
Yongle Period, Ming Dynasty, Height 34.1cm mouth diameter 6.7cm foot diameter 15.9cm, Unearthed at the northern part of Zhushan, Imperial Kiln in 2003

82 釉里红海水云龙纹梅瓶

明永乐

高 33.6 厘米　口径 6.6 厘米　足径 15.7 厘米

2003 年出土于御窑珠山北麓

瓶唇口，束颈，丰肩，鼓腹，隐浅圈足。滑底。以釉里红为饰，肩部饰朵云纹，腹绘一赶珠龙纹，龙双角、五爪、竖发，下部绘海水江崖纹。

此瓶釉里红呈色鲜艳，但有很多黑色斑点。

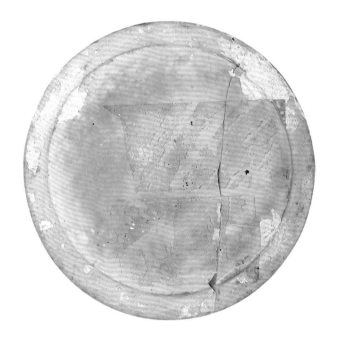

Prunus vase with design of cloud and dragon in underglaze red
Yongle Period, Ming Dynasty, Height 33.6cm mouth diameter 6.6cm foot diameter 15.7cm, Unearthed at the northern part of Zhushan, Imperial Kiln in 2003

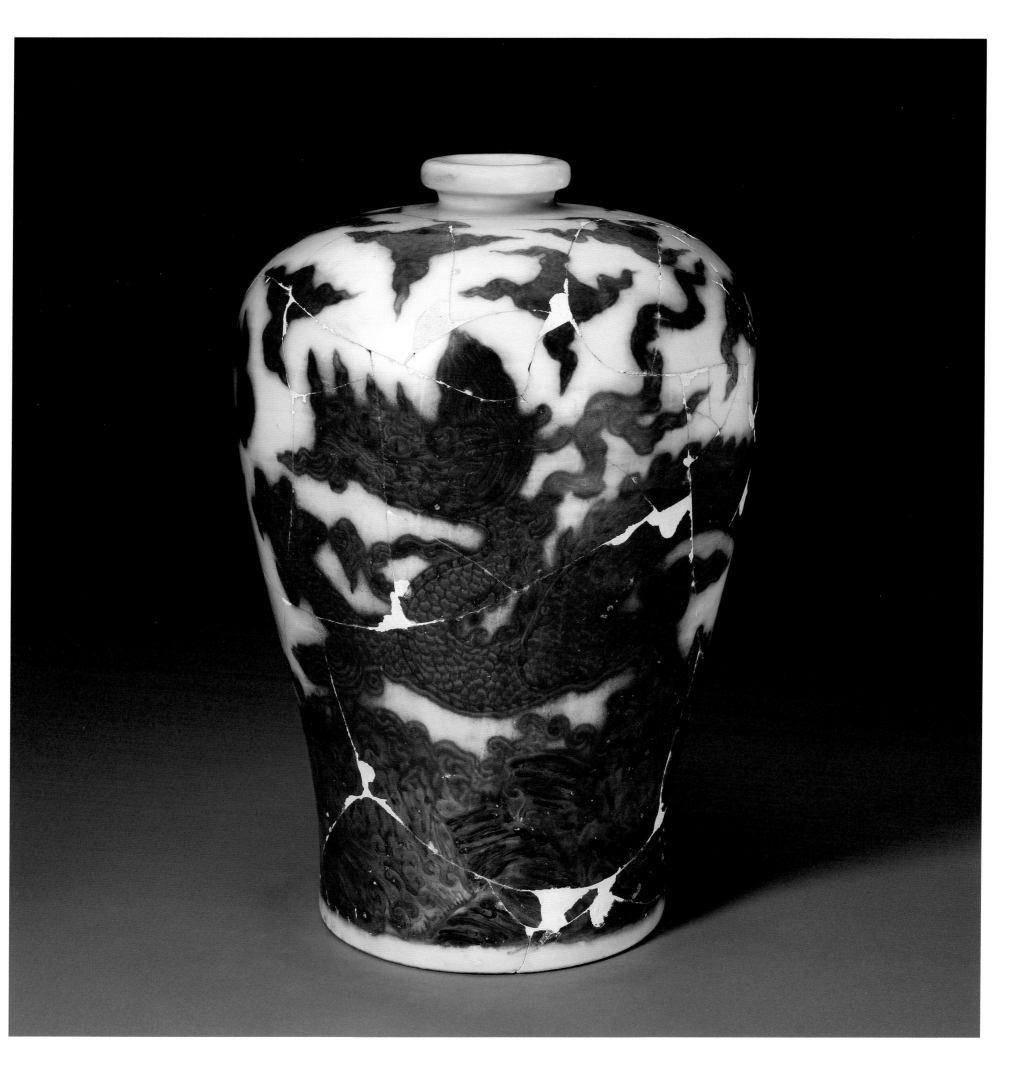

83 | 红釉刻云龙纹梅瓶

明永乐
高 33.9 厘米　口径 6.8 厘米　足径 16 厘米
2003 年出土于御窑珠山北麓

瓶唇口，束颈，丰肩，浅隐圈足，滑底。胎白而细腻。内满施白釉，外施红釉，近底处呈绿色。釉下绕刻双角五爪龙一条，下为海水江崖纹，肩饰朵云纹。

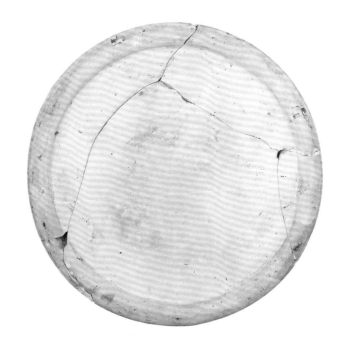

Red glazed prunus vase with incised design of dragon in cloud
Yongle Period, Ming Dynasty, Height 33.9cm mouth diameter 6.8cm foot diameter 16cm, Unearthed at the northern part of Zhushan, Imperial Kiln in 2003

84

甜白釉锥缠枝莲纹梅瓶

明永乐

高 24.5 厘米　口径 4.3 厘米　底径 10.1 厘米

故宫博物院藏

瓶小口，短颈，丰肩，圆腹，胫部内收，平底。通体施白釉，腹部锥拱缠枝莲纹图案。

此梅瓶为清宫旧藏，造型端庄稳重，锥拱缠枝莲纹饰依稀可见，是永乐白釉器中的佳品。

Sweet white glazed prunus vase with incised design of interlocking lotus
Yongle Period, Ming Dynasty, Height 24.5cm mouth diameter 4.3cm bottom diameter 10.1cm, Collected by the Palace Museum

甜白釉梅瓶

明永乐

高 33.9 厘米 口径 6.3 厘米 腹径 24 厘米 足径 15.8 厘米

1983 年出土于御窑珠山

瓶小口，圆唇，短颈，丰肩，下腹内收，浅圈足微外撇。滑底。瓶内外均施甜白釉，釉色白中泛青，底无釉。

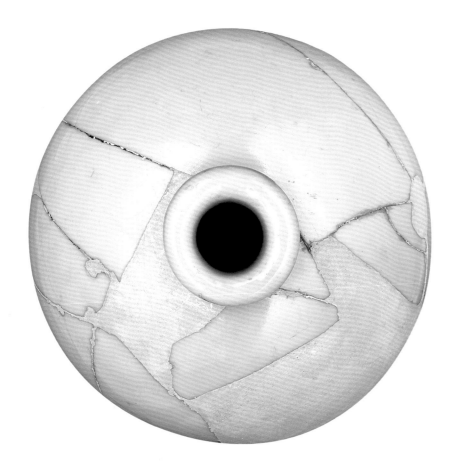

Sweet white glazed prunus vase
Yongle Period, Ming Dynasty, Height 33.9cm mouth diameter 6.3cm belly diameter 24cm foot diameter 15.8cm, Unearthed at Zhushan, Imperial Kiln in 1983

86

青花灵芝纹托盘

明永乐
高 2.1 厘米　口径 18.7 厘米　底径 12.6 厘米
故宫博物院藏

托盘花口，折沿，浅腹，里心处有一圆槽，平底。底施白釉，里心圆槽内也施白釉，外围青花八瓣花形开光延至外壁，开光内绘折枝灵芝纹。

明永乐、宣德时期，瓷器制作发生了显著变化，造型工艺一改前朝厚重饱满的特点，而转变为清新隽秀的风格。此盘即为永乐青花典型器，造型新颖别致，胎质洁白细腻，青花色泽艳丽，尤其是灵芝纹饰与器形完美结合，宛如一朵盛开的花，令人赏心悦目。

Blue and white saucer with design of Lingzhi fungus
Yongle Period, Ming Dynasty, Height 2.1cm　mouth diameter 18.7cm　bottom diameter 12.6cm, Collected by the Palace Museum

87

青花折枝花卉纹盘

明永乐
高 2.1 厘米　口径 19.8 厘米　足径 12.4 厘米
故宫博物院藏

盘呈八瓣菱花式，折沿，方唇，浅弧腹，矮圈足内壁斜削。足内无釉，露出泛黄色的白胎，胎质细腻光滑。内外壁均白地青花装饰。折沿满绘缠枝灵芝，内壁逐瓣绘一朵折枝花，相对花样相同，里心绘一组折枝牡丹；外壁与内壁花样相同。

该盘青花釉色浓重，折沿、压印等部位的装饰线与内外壁青花纹样均有浓重的铁锈斑，反映了永乐时期青花工艺的特点。

Blue and white plate with design of disconnected sprays of flowers
Yongle Period, Ming Dynasty, Height 2.1cm mouth diameter 19.8cm foot diameter 12.4cm, Collected by the Palace Museum

青花折枝花卉灵芝纹花口杯、盘

明永乐

杯：高 3.7 厘米　口径 9 厘米　足径 4.2 厘米

盘：高 2.1 厘米　口径 19.3 厘米　足径 12.3 厘米

1994 年出土于御窑东门头

杯花口，壁起棱，浅圈足。通体以青花为饰。内口沿绘弦纹一道，里心双圈内饰有花纹；外口沿饰折枝花卉纹，外壁饰折枝灵芝纹。

盘口呈菱花形，瓜棱弧壁，浅圈足。底无釉。折沿饰八朵折枝灵芝，内壁各棱内饰折枝花果，里心双圈内绘八瓣花形开光，内绘折枝葡萄纹；外壁饰折枝花卉纹。

Blue and white cup and plate with design of disconnected sprays of flower and Lingzhi fungus
Yongle Period, Ming Dynasty, Cup: Height 3.7cm mouth diameter 9cm foot diameter 4.2cm, Plate: Height 2.1cm mouth diameter 19.3cm foot diameter 12.3cm, Unearthed at Dongmentou, Imperial Kiln in 1994

89

青花海水龙纹爵、盘

明永乐

爵：高 16.8 厘米

盘：高 7.8 厘米 口径 21 厘米 底径 16 厘米

1999 年出土于御窑珠山

爵流、口较长，双蘑菇形柱，平底，三足略外撇。除底外通体施白釉。外壁饰青花双龙纹，下部绘青花海水纹，三足起棱饰青花，底涩胎，圈内饰宝相花一朵。

盘敞口，折沿，浅腹，如意形四足。中心为一凸起三面山形，内置三孔洞以插入（歇）爵脚，故名"歇爵山盘"。盘底涩胎。山形处绘青花，下部饰白海浪纹，壁绘青花龙两条，白地刻海水纹，外壁绘宝相花八朵。

Blue and white Jue and plate with design of dragons among waves
Yongle Period, Ming Dynasty, Cup: Height 16.8cm, Saucer: Height 7.8cm mouth diameter 21cm bottom diameter 16cm, Unearthed at Zhushan, Imperial Kiln in 1999

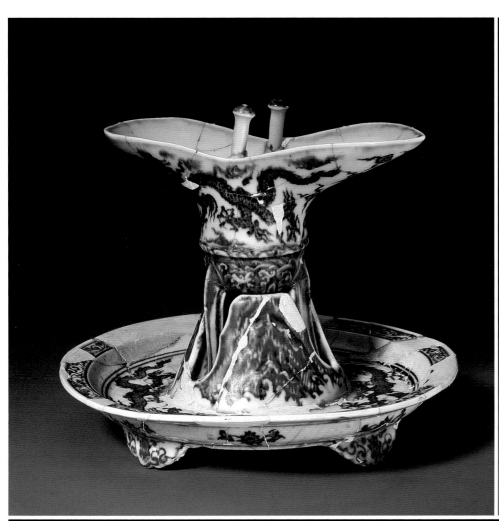

90

甜白釉爵

明永乐

高 11.2 厘米　长 15.2 厘米

1982 年出土于御窑珠山

爵口若舟形，口沿上立一对短柱，流短而圆，尾较尖长，腹圆而浅，底似釜，下有三足。腹一侧有一半圆形錾。内外均施甜白釉，仅平底无釉，底心有一支钉痕。外腹下部接胎处凸起弦纹一周。

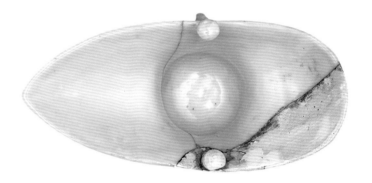

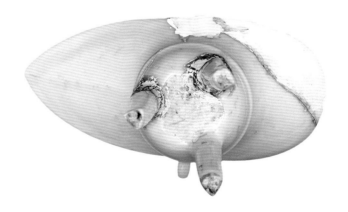

Sweet white glazed Jue

Yongle Period, Ming Dynasty, Height 11.2cm length 15.2cm, Unearthed at Zhushan, Imperial Kiln in 1982

91

青花折枝花果纹罐

明永乐
通高 34.3 厘米　口径 17.7 厘米　底径 20 厘米
故宫博物院藏

罐直口，短颈，鼓腹，平底。盖折沿，拱顶宝珠钮。通体以青花为饰，肩部饰如意云头纹，内绘各式折枝花卉纹；腹部为荔枝、石榴等折枝瓜果纹；胫部为卷草纹。盖饰如意云头纹，内绘折枝花果纹。

以瓜果作为纹饰装饰器皿，始见于唐代，初多见葡萄及石榴，明清时期，瓜果品种增多，常见的有石榴、荔枝、葡萄、枇杷、寿桃、西瓜、樱桃等。此罐为清宫旧藏，造型敦厚，朴实饱满，有元青花大器遗风，但在纹饰绘制方面更显细腻。

Blue and white jar with design of disconnected sprays of flowers and fruits
Yongle Period, Ming Dynasty, Overall height 34.3cm mouth diameter 17.7cm bottom diameter 20cm, Collected by the Palace Museum

92

青花折枝瓜果纹梅瓶

明永乐
通高 42 厘米　口径 6.6 厘米　足径 14.5 厘米
故宫博物院藏

瓶小口，短颈，丰肩，长圆腹，腹下内敛，圈足。上附盖，盖顶置宝珠钮。砂底无釉，外壁通体以青花装饰。肩部绘如意云间饰折枝花卉纹，腹上部为折枝瓜果纹，腹下部绘变形莲瓣纹，内饰折枝花卉纹，近足处为卷草纹。

此梅瓶为清宫旧藏。

Blue and white prunus vase with design of disconnected sprays of flowers and fruits
Yongle Period, Ming Dynasty, Overall height 42cm　mouth diameter 6.6cm　foot diameter 14.5cm, Collected by the Palace Museum

93 青花双桃纹盘

明永乐

高 5.3 厘米　口径 32 厘米　足径 22.5 厘米

1994 年出土于御窑东门头

盘口微敛，浅弧腹，矮圈足。滑底。以青花为饰，内壁饰缠枝芍药花一周，里心青花双圈内绘折枝双桃纹；外壁绘折枝樱桃、荔枝、葡萄、柿子、石榴和枇杷等瑞果纹。

Blue and white plate with design of two peaches
Yongle Period, Ming Dynasty, Height 5.3cm　mouth diameter 32cm　foot diameter 22.5cm, Unearthed at Dongmentou, Imperial Kiln in 1994

94

青花折枝三果纹执壶

明永乐
高 27.5 厘米　口径 6.2 厘米　足径 10 厘米
故宫博物院藏

壶圆口外撇，束颈，圆腹下垂，圈足，形似玉壶春瓶。一侧有长流，并有云板与壶身相连，另一侧为曲柄。通体白釉青花装饰。口沿到颈部绘蕉叶纹，其下为缠枝花卉纹；腹部菱形开光内绘折枝三果纹，开光四周以折枝花卉衬托；壶流绘卷草纹。

此壶为清宫旧藏。造型端庄稳重，青花颜色自然绚丽。

Blue and white pot with handle at one side and design of disconnected sprays of the three fruits
Yongle Period, Ming Dynasty, Height 27.5cm mouth diameter 6.2cm foot diameter 10cm, Collected by the Palace Museum

95

青花折枝桃纹执壶

明永乐

高 29.4 厘米　口径 7.5 厘米　腹径 18.3 厘米　足径 9.9 厘米

1994 年出土于御窑珠山

壶侈口，细长颈，圆鼓腹下垂，下部内收，圈足。扁曲柄，细长流，有一云板与壶身相连。通体施白釉，以青花为饰。颈、肩分别饰蕉叶及卷草纹，腹部对应开光内饰折枝桃纹，环绕开光分别饰折枝四季花卉纹，足饰卷草纹。流外壁饰折枝花卉纹，下方菱形开光内饰折枝莲纹，与壶身连接处饰卷草纹。

Blue and white pot with handle at one side and design of disconnected sprays of peach
Yongle Period, Ming Dynasty, Height 29.4cm mouth diameter 7.5cm belly diameter 18.3cm foot diameter 9.9cm, Unearthed at Zhushan, Imperial Kiln in 1994

96

青花缠枝菊纹执壶

明永乐
高 33 厘米　口径 8.2 厘米　足径 11 厘米
1994 年出土于御窑珠山

壶身呈玉壶春瓶式，侈口，细颈，鼓腹，圈足。扁曲柄，细长流，有一云板与壶身相连。通体施白釉，以青花为饰。颈饰折枝桃与蕉叶纹，身绘缠枝菊花纹，柄绘缠枝花卉纹，流两侧饰卷草纹，流与壶身连接处的菱形开光内饰一折枝莲纹。

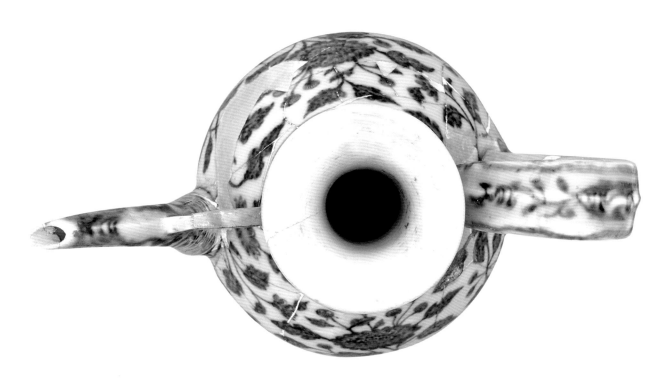

Blue and white pot with handle at one side and design of interlocking chrysanthemum
Yongle Period, Ming Dynasty, Height 33cm mouth diameter 8.2cm foot diameter 11cm, Unearthed at Zhushan, Imperial Kiln in 1994

97 青花缠枝花卉纹军持

明永乐
高 20.5 厘米　口径 6.5 厘米　足径 10 厘米
故宫博物院藏

军持盘口，束颈，鼓腹，一侧有一细长流。下承以金钟式高托，托底外撇，圈足。通体以青花装饰，颈、腹、流部均饰缠枝花卉纹，托饰变形回纹、莲瓣纹。

　　永乐时期军持借鉴了藏传佛教使用的金属器皿的一些特征，这与当时朝廷多次赏赐西藏法师法器有关。《明实录》记载永乐皇帝至少在永乐五年（1407 年）、十一年（1413 年）、十二年（1414 年）、十七年（1419 年）颁赐法器给西藏法师，还于永乐六年（1408 年）遣使前往西藏。永乐官窑的白釉、青花军持不少是作为赐藏法器生产的，因此造型与前代有较大差异。此军持为清宫旧藏。

Blue and white kendi with design of interlocking flowers
Yongle Period, Ming Dynasty, Height 20.5cm　mouth diameter 6.5cm　foot diameter 10cm, Collected by the Palace Museum

98

甜白釉军持

明永乐

高 20.9 厘米　口径 6.6 厘米　腹径 10.5 厘米　足径 9.9 厘米

1983 年出土于御窑珠山

军持盘口，细颈，身呈梨形，下承以金钟式高托，托底外撇，圈足。流细而长。器身饰甜白釉，圈足内有不匀的刷釉痕。下腹部及流口均饰凸弦纹三道。

该军持与白釉僧帽壶等残器一道出土，当与永乐早期明廷的佛事或西藏事务有关。

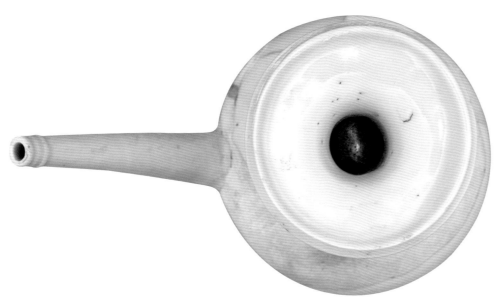

Sweet white glazed kendi

Yongle Period, Ming Dynasty, Height 20.9cm mouth diameter 6.6cm belly diameter 10.5cm foot diameter 9.9cm, Unearthed at Zhushan, Imperial Kiln in 1983

99

青花缠枝菊纹玉壶春瓶

明永乐

高 26.7 厘米　口径 7 厘米　足径 10 厘米

故宫博物院藏

瓶侈口，细颈，垂腹，圈足。器身主题图案为青花绘缠枝菊纹。

玉壶春瓶始见于宋代，元代造型为细颈、瘦腹，较为秀巧。明洪武时颈部略粗，腹部浑圆饱满。至明永乐，瓶颈部变得细长，腹部略敛，而颈腹部的变化也更为柔和、协调。这种变化反映出永乐器物造型善于综合前代器物的特点，取其长处，补其不足，以求达到更完美的效果。

此玉壶春瓶为清宫旧藏。

Blue and white pear-shaped vase with design of interlocking chrysanthemum
Yongle Period, Ming Dynasty, Height 26.7cm mouth diameter 7cm foot diameter 10cm, Collected by the Palace Museum

100

青花折枝秋葵纹玉壶春瓶

明永乐

高 34 厘米　口径 9 厘米　腹径 20.2 厘米　足径 11.8 厘米

1994 年出土于御窑珠山

瓶侈口，细颈，溜肩，圆鼓腹，下腹内收，圈足。通体施白釉，以青花为饰。颈部饰缠枝花卉及蕉叶纹，肩部饰缠枝菊与如意云头纹，腹部饰折枝秋葵，腹下部饰蕉叶纹，足饰卷草纹。

 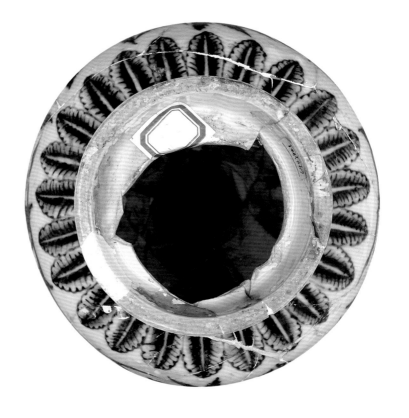

Blue and white pear-shaped vase with design of disconnected sprays of hibiscus-okra
Yongle Period, Ming Dynasty, Height 34cm　mouth diameter 9cm　belly diameter 20.2cm　foot diameter 11.8cm, Unearthed at Zhushan, Imperial Kiln in 1994

101 青花海水云龙纹玉壶春瓶

明永乐

高 26.9 厘米　口径 6.2 厘米　腹径 16.5 厘米　足径 9.2 厘米

1984 年出土于御窑珠山

瓶侈口，细长颈，溜肩，圆鼓腹，腹下部锐收，圈足。胎薄体轻。通体施白釉，以青花为饰。身绘五爪龙五条，一大四小，间饰云纹，腹下部绘海水纹，足饰朵云纹。

Blue and white pear-shaped vase with design of dragons and clouds
Yongle Period, Ming Dynasty, Height 26.9cm mouth diameter 6.2cm belly diameter 16.5cm foot diameter 9.2cm, Unearthed at Zhushan, Imperial Kiln in 1984

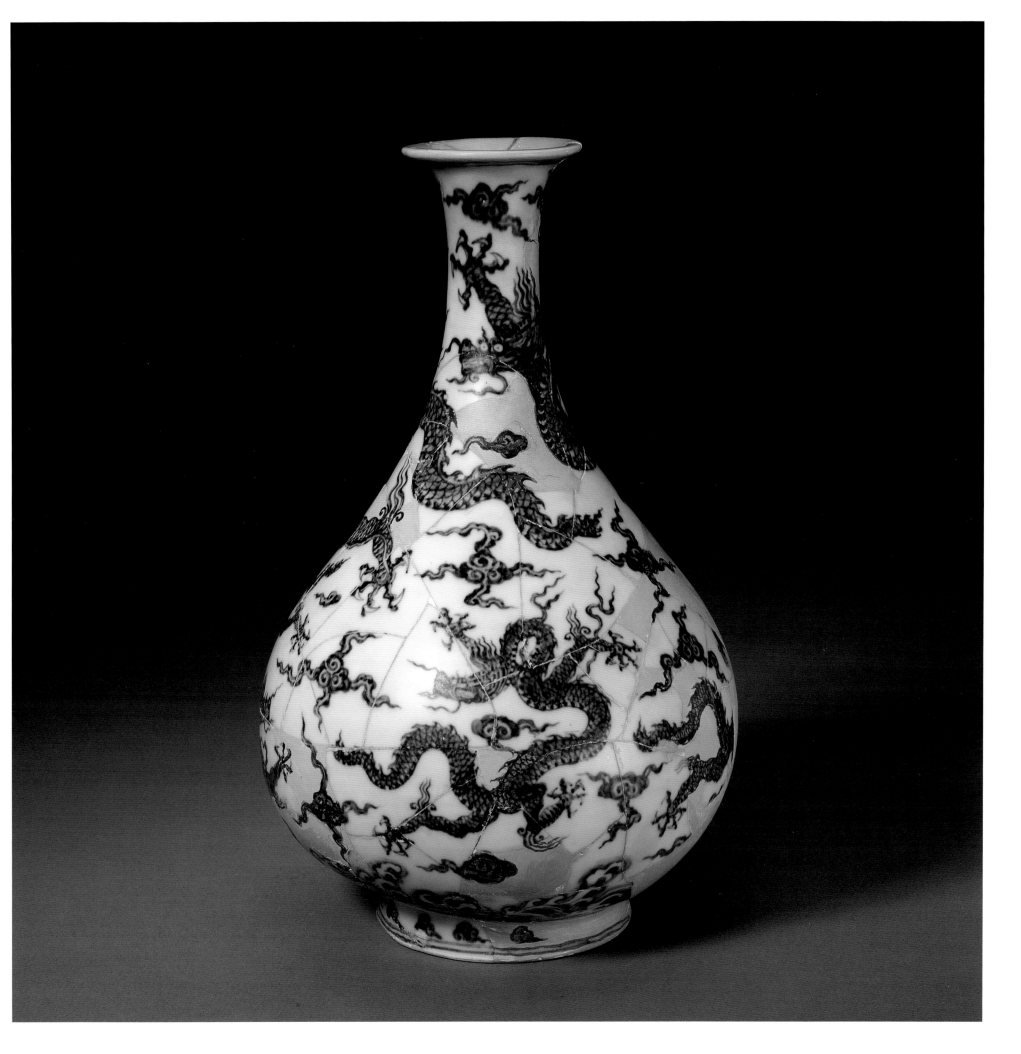

102 | 甜白釉玉壶春瓶

明永乐
高 30 厘米　口径 8.4 厘米　足径 10.3 厘米
故宫博物院藏

瓶侈口，细长颈，溜肩，垂腹，圈足外撇。通体施甜白釉。

此瓶为清宫旧藏。造型端庄秀丽，釉面恬静莹润，优美的器形配以甜美的釉色，相得益彰。

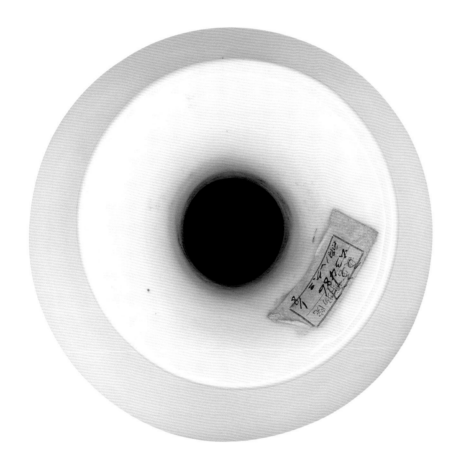

Sweet white glazed pear-shaped vase
Yongle Period, Ming Dynasty, Height 30cm mouth diameter 8.4cm foot diameter 10.3cm, Collected by the Palace Museum

103 | 青花竹石芭蕉纹玉壶春瓶

明永乐
高 32.8 厘米　口径 8.2 厘米　足径 10.8 厘米
故宫博物院藏

瓶侈口，细颈，垂腹，圈足。足内白釉无款，通体以青花为饰。颈部饰蕉叶纹、卷草纹、下垂如意云头纹；身绘竹石芭蕉及花草栏杆；近足处绘变形仰莲瓣纹，足墙饰花瓣纹。

此玉壶春瓶为清宫旧藏。

Blue and white pear-shaped vase with design of bamboo, rock and banana leaf
Yongle Period, Ming Dynasty, Height 32.8cm　mouth diameter 8.2cm　foot diameter 10.8cm, Collected by the Palace Museum

青花竹石芭蕉纹梅瓶

明永乐

通高 40.7 厘米　口径 5.5 厘米　足径 12.3 厘米

故宫博物院藏

瓶小口，短颈，丰肩，长圆腹，腹下内敛，圈足。上附盖，球形钮。足内砂底无釉，通体以青花装饰。肩部绘如意云间饰折枝花卉纹，腹部主题纹饰描绘庭院景色洞石、芭蕉、翠竹及花草栏杆，近足处饰卷草纹一周，腹下部变形莲瓣内饰折枝花卉纹，盖面饰莲瓣及朵花。

竹石、芭蕉及庭院栏杆三者结合的装饰图案保留至清代，烧至宣统时期。

Blue and white prunus vase with design of bamboo, rock and banana leaf

Yongle Period, Ming Dynasty, Overall height 40.7cm　mouth diameter 5.5cm　foot diameter 12.3cm, Collected by the Palace Museum

105 | 青花桃竹纹梅瓶

明永乐

高 36.7 厘米　口径 6.6 厘米　足径 14 厘米

故宫博物院藏

瓶小口，卷唇，短颈，丰肩，肩下渐敛，圈足。通体以青花为饰，肩饰下垂如意云头纹八组，其内各饰折枝花；腹饰桃竹纹，近足处饰缠枝灵芝纹。

此梅瓶为清宫旧藏。

Blue and white prunus vase with design of peach and bamboo
Yongle Period, Ming Dynasty, Height 36.7cm　mouth diameter 6.6cm　foot diameter 14cm, Collected by the Palace Museum

106

青花竹石芭蕉纹碗

明永乐

高 7.1 厘米　口径 16.4 厘米　足径 5.8 厘米

故宫博物院藏

碗侈口，弧腹，圈足。通体以青花装饰。外腹饰竹、石和芭蕉，足墙饰回纹，腹与足墙间隔以弦纹。

此器采用通景式园景装饰，布局合理，意境清新雅致。

Blue and white bowl with design of bamboo, rock and banana leaf
Yongle Period, Ming Dynasty, Height 7.1cm　mouth diameter16.4cm　foot diameter 5.8cm, Collected by the Palace Museum

青花缠枝花卉纹折沿盆

明永乐

高 13.9 厘米　口径 31.6 厘米　底径 21.5 厘米

故宫博物院藏

盆折沿，腹垂直，平底露胎。里外青花装饰。折沿上绘海水纹，腹部绘缠枝花，里心海水纹内绘团花；近外口沿处绘折枝花卉，腹部绘缠枝花卉，上下各绘弦纹两周。

明初永乐、宣德时期景德镇御窑厂创烧了大量极具西亚阿拉伯风格的器物。此盆就是仿叙利亚彩绘盆及伊朗铜折沿盆形式烧制，为清宫旧藏。胎质细腻，釉色白中泛青，边缘胎釉交接处泛火石红色。内底坦平，毫无塌陷现象。口沿釉层气泡密集，青花浓艳呈深蓝色，有晕散，系使用进口的苏泥勃青料绘制。纹饰繁复生动，层次分明。

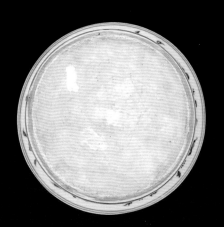

Blue and white basin with everted flange and design of interlocking flowers
Yongle Period, Ming Dynasty, Height 13.9cm mouth diameter 31.6cm bottom diameter 21.5cm, Collected by the Palace Museum

108

青花缠枝花卉纹双系扁壶

明永乐
高 45 厘米　口径 6.3 厘米　背径 38 厘米
故宫博物院藏

　　壶直口，短颈，有小系，背面扁平，中心凹入一圈，正面隆起，形如龟背，中心有凸脐，肩两侧各有一活环。背面无釉，通体青花装饰。正面纹饰分三层，凸脐饰海水江崖地八角星纹，八角星内绘缠枝花卉纹，中层饰缠枝花卉纹，外环饰海水江崖纹；颈部纹饰两层中为弦纹，上层饰缠枝花卉纹，下层饰海水江崖纹；两侧饰缠枝花卉纹。

　　此扁壶为清宫旧藏，又称"卧壶"，造型奇特，受当时西亚文化影响。因其一面无釉，肩部又设活环，故应为挂置器物。

Blue and white flat pot with two handles and design of interlocking flowers
Yongle Period, Ming Dynasty, Height 45cm mouth diameter 6.3cm back diameter 38cm, Collected by the Palace Museum

109

青花缠枝花卉纹花浇

明永乐
高 14.7 厘米　口径 8 厘米　底径 4 厘米
故宫博物院藏

花浇直口，鼓腹，底内凹，柄两端各有一螭首。通体青花装饰。颈饰海水纹，腹饰缠枝花卉纹，近底处饰变形莲瓣纹。

此花浇为清宫旧藏。虽按阿拉伯地区铜器制作，但加入了中国文化元素——螭形把柄，可谓独出心裁。

Blue and white pot for watering plants with design of interlocking flowers
Yongle Period, Ming Dynasty, Height 14.7cm　mouth diameter 8cm　bottom diameter 4cm, Collected by the Palace Museum

110 | 甜白釉花浇

明永乐
高 13.5 厘米　口径 7.9 厘米　腹径 12.5 厘米　足径 3.8 厘米
1983 年出土于御窑珠山

花浇直口，鼓腹，下部内收，卧足。曲柄，下部有一小凸起。内外均施白釉，足内无釉。颈部作棱状直纹装饰。

该器造型亦仿自阿拉伯地区金属器皿。

Sweet white glazed pot for watering plants
Yongle Period, Ming Dynasty, Height 13.5cm mouth diameter 7.9cm belly diameter 12.5cm foot diameter 3.8cm, Unearthed at Zhushan, Imperial Kiln in 1983

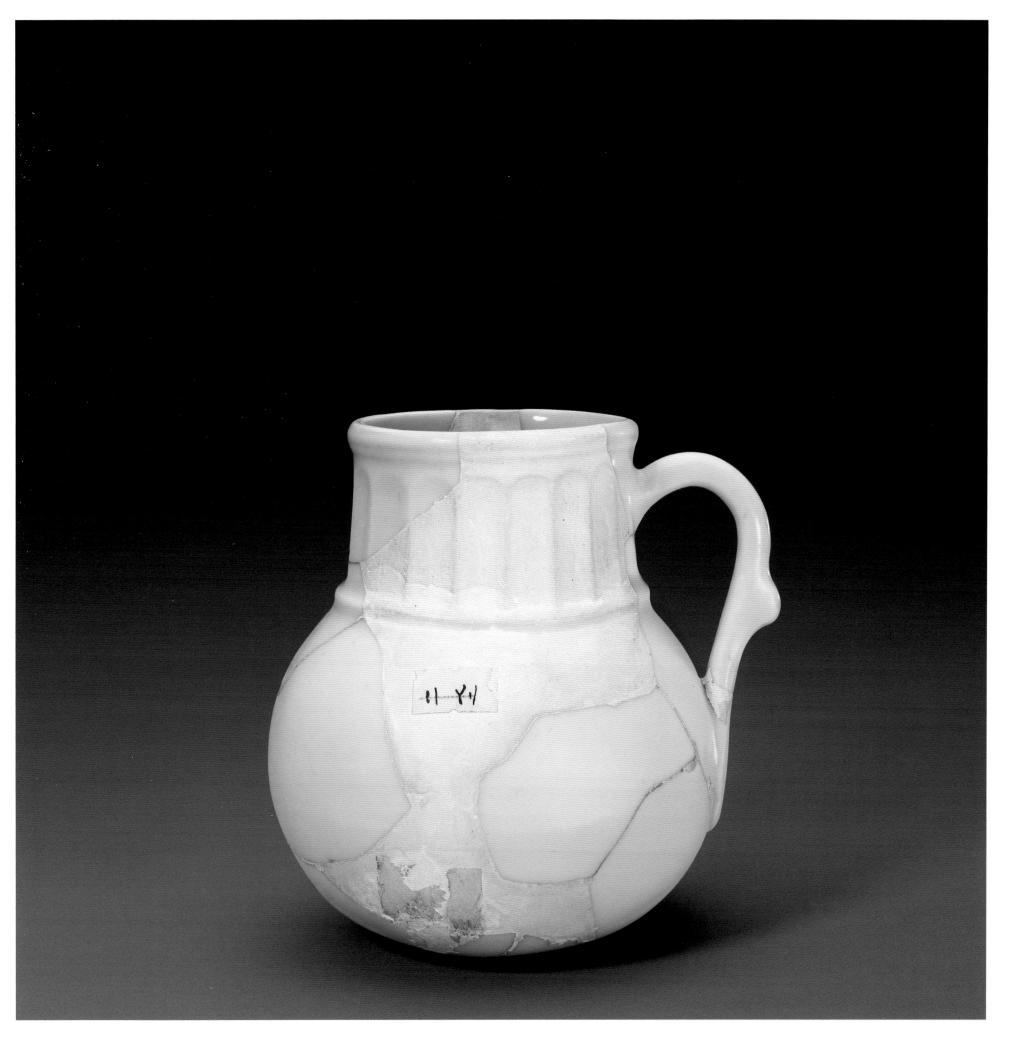

青花折枝花卉纹八方烛台

明永乐

高 27.8 厘米　口径 7.8 厘米　底径 20.5 厘米

故宫博物院藏

烛台由三部分构成，自上而下分别为烛插、连柱、台座。平底中空。烛插和台座均为八方形，中部内弧呈亚腰状。连柱为上小下大的圆柱形。烛台外壁满绘青花纹饰，烛插、连柱、台座均以弦纹、锦纹等边饰相隔，边饰之间绘主题纹饰。连柱上绘一周缠枝莲花，台座每面绘折枝牡丹、菊花、莲花等。

此器当仿自阿拉伯地区金属器皿，结构复杂，装饰华美。中国蜡烛均为硬心（以芦杆、竹杆作心），故中国式烛台中间均有一插入烛杆的小孔，形制与此器迥然不同。

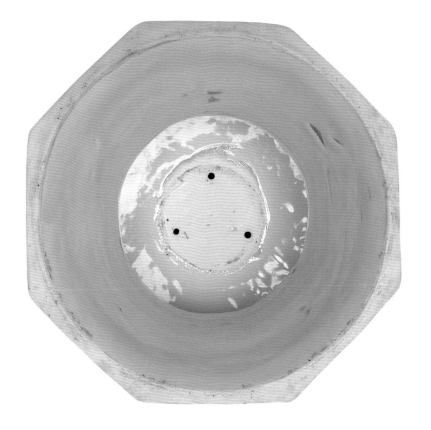

Blue and white octagonal candle holder with design of disconnected sprays of flowers
Yongle Period, Ming Dynasty, Height 27.8cm　mouth diameter 7.8cm　bottom diameter 20.5cm, Collected by the Palace Museum

112 青花折枝花卉纹八方烛台

明永乐
高 38.5 厘米　口径 9 厘米　底径 23.5 厘米
故宫博物院藏

烛台八方式，分上、中、下三层，上层为烛插，中层为连柱，下层为台座，底中空。通体以青花装饰。烛插饰蕉叶纹、回纹和莲瓣纹；连柱上部饰锦纹，下部饰缠枝菊花纹；台座平面饰海水纹和莲瓣纹，座体八方面内饰折枝花卉纹，台座底边饰回纹一周。

此烛台为清宫旧藏。与 13 ～ 14 世纪的阿拉伯地区铜烛台颇为相似。

Blue and white octagonal candle holder with design of disconnected sprays of flowers
Yongle Period, Ming Dynasty, Height 38.5cm mouth diameter 9cm bottom diameter 23.5cm, Collected by the Palace Museum

113 白釉八方烛台

明永乐

高 29 厘米　口内径 4.2 厘米　底径 22.2 厘米

1983 年出土于御窑珠山

器座与上部均为同样的束腰八棱台式，唯大小悬殊。口呈深杯状，便于安放软心蜡烛。台面下凹，以承蜡泪。

传世之八方瓷烛台多为宣德制品，永乐器较为罕见。

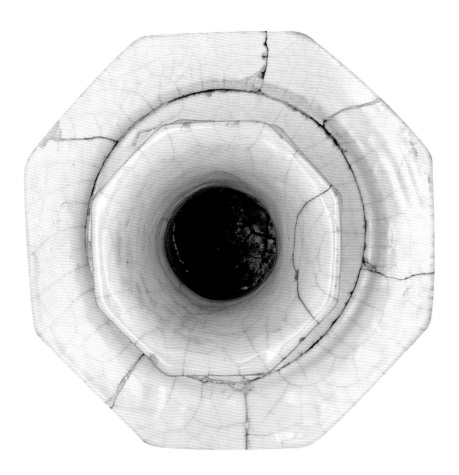

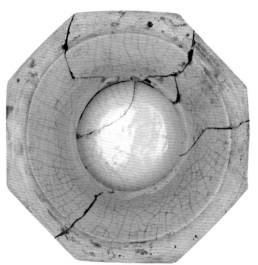

White glazed octagonal candle holder
Yongle Period, Ming Dynasty, Height 29cm inner mouth diameter 4.2cm bottom diameter 22.2cm, Unearthed at Zhushan, Imperial Kiln in 1983

114　青花阿拉伯文缠枝花卉纹无档尊

明永乐

高 7.2 厘米　口径 7.3 厘米　足径 16.6 厘米

故宫博物院藏

尊身为筒状，上下口宽折沿。通体以青花装饰。口沿及底沿饰菊瓣纹，身部分三层，上下分别用阿拉伯文书写并绘圆形图案，中间一层绘变形花瓣纹。

此无档尊为清宫旧藏。仿自阿拉伯地区铜器，造型奇特，疑为器座。乾隆的御制诗中称之为"无档尊"。

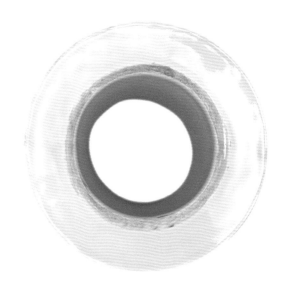

Blue and white Zun vase with no bottom and design of Arabic pattern and interlocking flowers
Yongle Period, Ming Dynasty, Height 7.2cm mouth diameter 7.3cm foot diameter 16.6cm, Collected by the Palace Museum

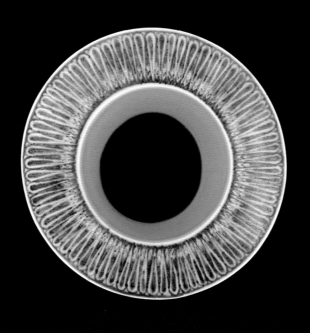

115 | 白釉无档尊

明永乐
高 17.5 厘米　口径 17 厘米
1983 年出土于御窑珠山

尊上下口均作宽折沿，身呈管状，中空，中部有一周棱状凸起。通体施白釉。

116 青白釉刻缠枝莲纹碗

明永乐

高 6.1 厘米　口径 15.6 厘米　足径 5 厘米

故宫博物院藏

碗侈口，弧腹，小圈足。胎骨轻薄，通体施青白釉，外壁刻缠枝莲纹，起伏延伸的莲茎上结莲花六朵，线条纤细流畅。

青白釉不是明代景德镇御器厂的主要品种，数量较少，十分珍贵。此碗为清宫旧藏。

Bluish white glazed bowl with incised design of interlocking flowers
Yongle Period, Ming Dynasty, Height 6.1cm mouth diameter 15.6cm foot diameter 5cm, Collected by the Palace Museum

117 白釉刻缠枝花卉纹碗

明永乐
高 10.4 厘米　口径 21 厘米　足径 7.3 厘米
故宫博物院藏

碗敞口，深腹，圈足。通体施白釉，内壁刻缠枝花卉纹。

据《明太宗实录》记载，永乐皇帝非常喜爱"洁素莹然"的白釉瓷器，所以景德镇御窑厂大量烧制。据不完全统计，目前所见永乐白瓷器造型就有 60 余种之多。永乐白瓷有薄胎与厚胎两种，薄胎器以碗、杯等小件器居多，所饰纹饰迎光清晰可见。此碗造型规整，胎质坚细，胎壁轻薄呈半脱胎状，纹饰线条纤细流畅，具有鲜明的时代特征。

White glazed bowl with incised design of interlocking flowers
Yongle Period, Ming Dynasty, Height 10.4cm mouth diameter 21cm foot diameter 7.3cm, Collected by the Palace Museum

118

白釉印凤穿花纹碗

明永乐

高 6 厘米　口径 17 厘米　足径 6.7 厘米

2003 年出土于御窑珠山北麓

碗盘口，深弧腹，圈足。通体施白釉。外口沿饰回纹，壁刻缠枝宝相花纹；内壁印双凤穿花纹，底心印十字宝杵纹。

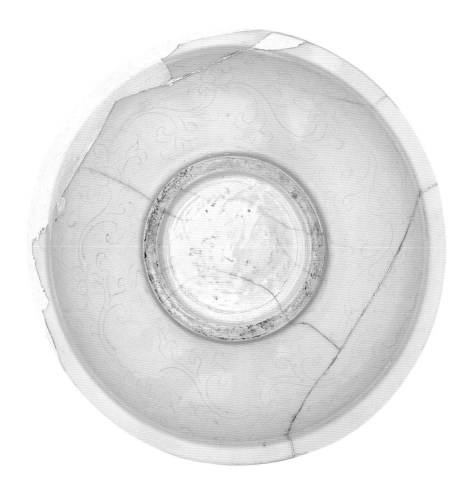

White glazed bowl with stamped design of phoenixes flying among flowers
Yongle Period, Ming Dynasty, Height 6cm mouth diameter 17cm foot diameter 6.7cm, Unearthed at the northern part of Zhushan, Imperial Kiln in 2003

白釉划龙纹碗

明永乐
高 3.6 厘米　口径 9.5 厘米　足径 3.3 厘米
故宫博物院藏

碗呈斗笠式，敞口，斜壁，浅圈足。通体施白釉，内壁划龙纹。

White glazed bowl with incised dragon design
Yongle Period, Ming Dynasty, Height 3.6cm　mouth diameter 9.5cm　foot diameter 3.3cm, Collected by the Palace Museum

120 甜白釉划龙纹碟

明永乐
高 3.1 厘米　口径 14.4 厘米　足径 8.6 厘米
故宫博物院藏

碟敞口微撇，弧壁，圈足。通体施甜白釉。内底划龙纹，中心书"永乐年制"阳文篆书款。此盘为清宫旧藏。

Sweet white glazed dish with incised dragon design
Yongle Period, Ming Dynasty, Height 3.1cm　mouth diameter 14.4cm　foot diameter 8.6cm, Collected by the Palace Museum

253

翠青釉盘

明永乐
高 4.2 厘米　口径 17.7 厘米　足径 11.4 厘米
故宫博物院藏

盘侈口，浅腹，圈足。通体施翠青釉，光素无纹。

翠青釉玻璃质感较强，釉中隐含密集的小气泡，釉色翠绿，青亮光润如翠竹，故称"翠青釉"，是明永乐仿龙泉釉瓷器中呈色较浅的一种，为后之仿品所不及。

此盘为清宫旧藏。

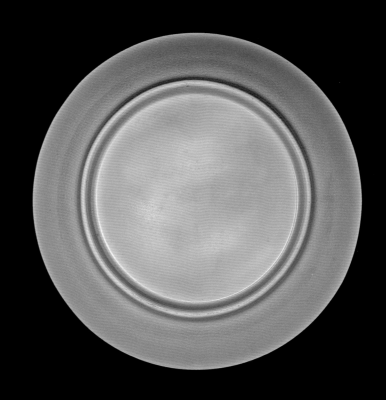

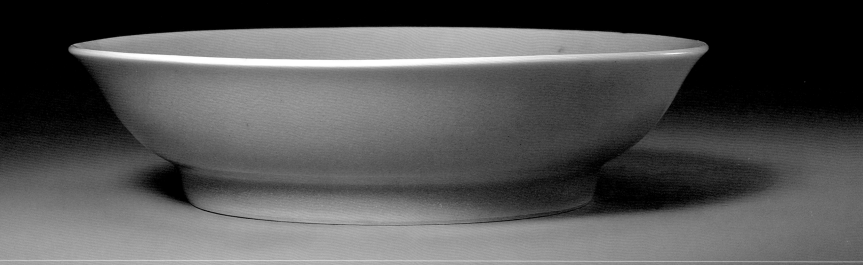

Bright green glazed plate
Yongle Period, Ming Dynasty; Height 4.2cm　mouth diameter 17.7cm　foot diameter 11.4cm, Collected by the Palace Museum

122

翠青釉三系罐

明永乐
高 10.4 厘米　口径 9.9 厘米　足径 14.1 厘米
故宫博物院藏

罐直口，短颈，腹体矮硕，广底，圈足，有盖。肩上等距离塑贴三个海棠花形托，托上有圆环形小系，里及足内均施白釉，外施翠青釉。

此罐为清宫旧藏。

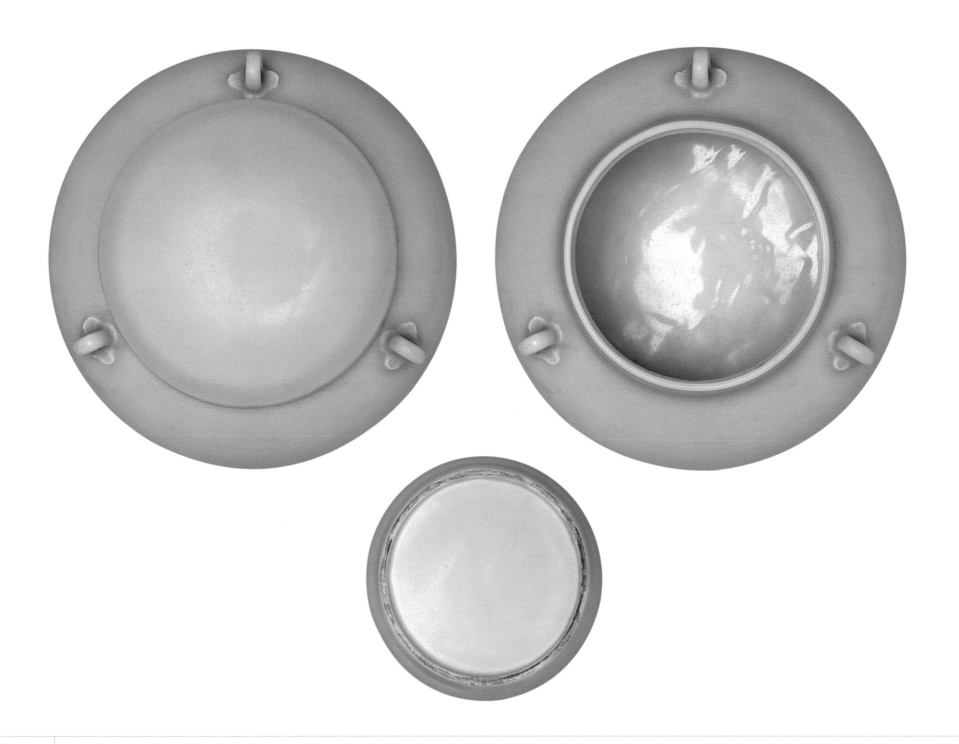

Bright green glazed jar with three handles
Yongle Period, Ming Dynasty, Height 10.4cm mouth diameter 9.9cm foot diameter 14.1cm, Collected by the Palace Museum

123 | 甜白釉罐

明永乐
高 9 厘米　口径 8.8 厘米　底径 12.5 厘米
故宫博物院藏

罐直口，腹矮硕，平底。通体施甜白釉。

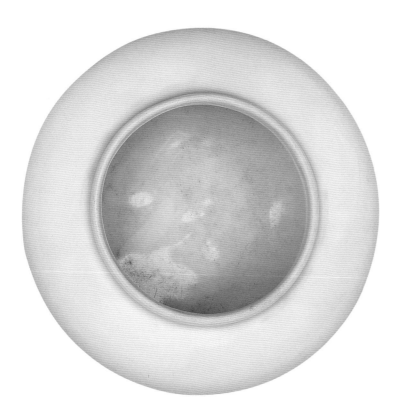
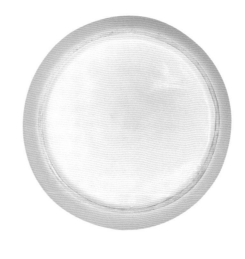

Sweet white glazed jar
Yongle Period, Ming Dynasty, Height 9cm　mouth diameter 8.8cm　bottom diameter 12.5cm, Collected by the Palace Museum

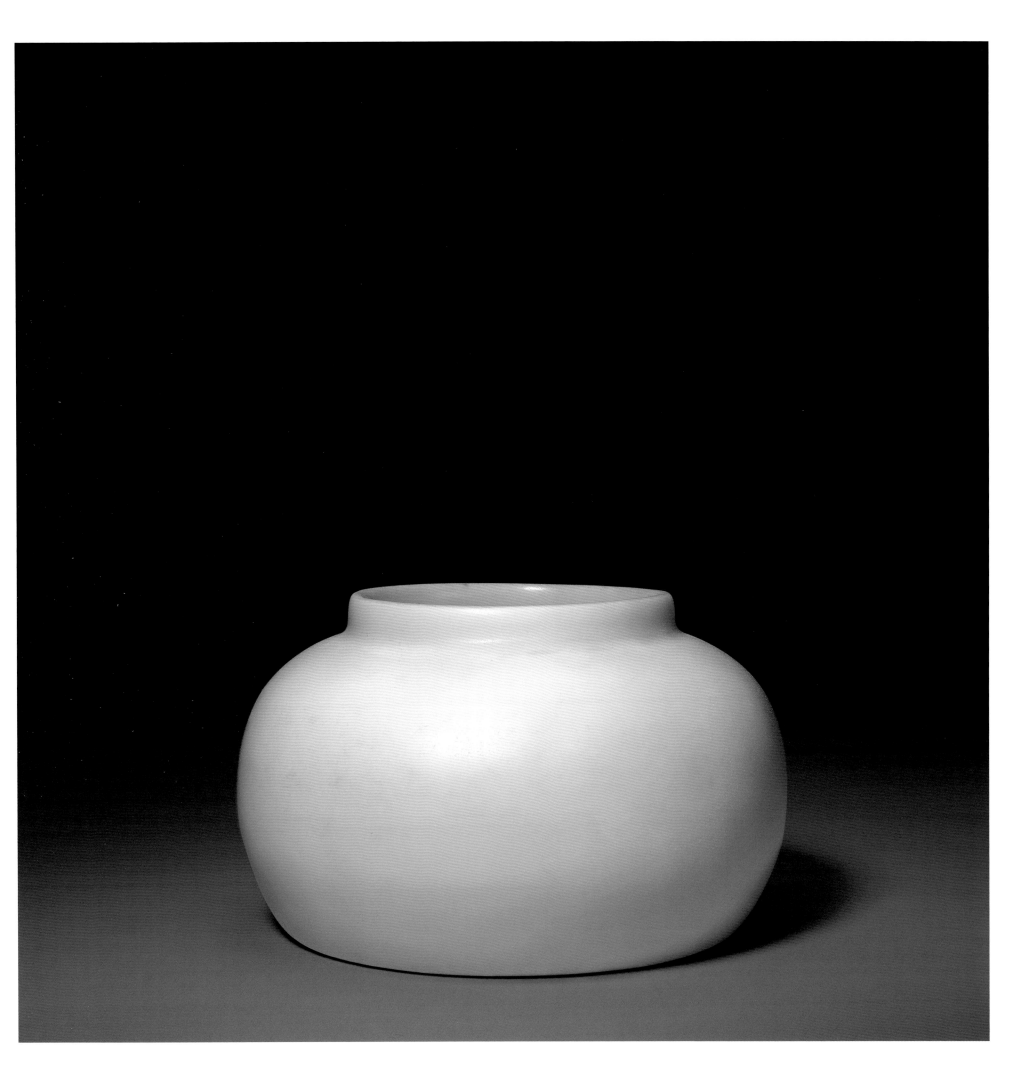

甜白釉豆

明永乐
通高 13.2 厘米　口径 7.4 厘米　腹径 9.7 厘米　足径 6.5 厘米
1983 年出土于御窑珠山

豆敛口，鼓腹，足外撇。宝珠顶盖，鼓弧面，子口。通体施白釉，盖内亦施白釉。

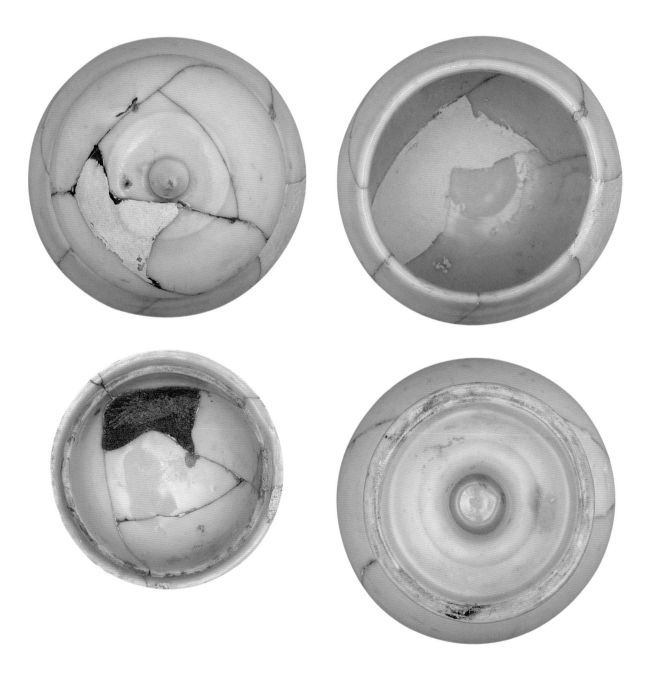

Sweet white glazed Dou
Yongle Period, Ming Dynasty, Overall height 13.2cm mouth diameter 7.4cm belly diameter 9.7cm foot diameter 6.5cm, Unearthed at Zhushan, Imperial Kiln in 1983

125 | 甜白釉僧帽壶

明永乐

通高 19.5 厘米　口径 9 厘米　足径 7.3 厘米

故宫博物院藏

壶口如僧帽边缘折起，束颈，圆腹，圈足。一侧为流，一侧为曲柄。盖为隆起的鸭嘴形，宝珠钮。通体施甜白釉，釉色温润、洁白、甜净。

此种壶以其口似僧伽之帽，而谓之"僧帽壶"，为西藏喇嘛使用的宗教器皿，一般为金属制品。在中国古代官窑瓷器生产中，僧帽壶的制作可能始于永乐。永乐皇帝为了亲善民族关系，在景德镇御窑厂烧制了这种带有浓郁西藏地区风格的僧帽壶。从这类器物多被西藏地区的寺庙保存看，其为融合汉藏两个民族的关系起到了重要的作用。

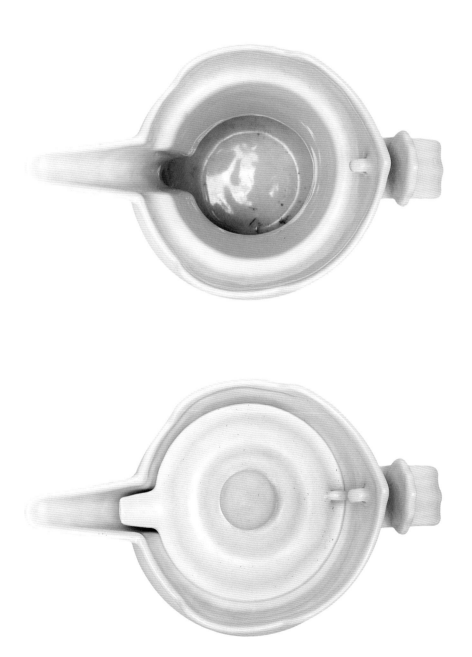

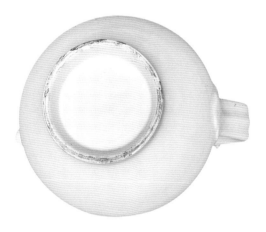

Sweet white glazed monk's cap jug

Yongle Period, Ming Dynasty, Overall height 19.5cm mouth diameter 9cm foot diameter 7.3cm, Collected by the Palace Museum

126 甜白釉锥缠枝花卉纹僧帽壶

明永乐

通高 19.3 厘米　口径 15.9 厘米　腹径 14 厘米　足径 7.5 厘米

1983 年出土于御窑珠山

壶有盖，口沿似僧帽，粗颈，鼓腹，尖流，柄下端及上部作如意式，圈足。通体施甜白釉。腹、颈及外口沿锥刻缠枝花，流及内口沿锥刻缠枝灵芝，壶下部锥刻变形莲瓣。

永乐初年，成祖遣使前往西藏迎哈里麻至南京举行法会，永乐四年（1406 年）封哈里麻为大宝法王。该壶似为哈里麻赴宁举行法会而制作，当为永乐早期制品。永乐前期僧帽壶有素面、锥花之别，锥花器中又可分为有藏文、无藏文两种，该器为无藏文者。

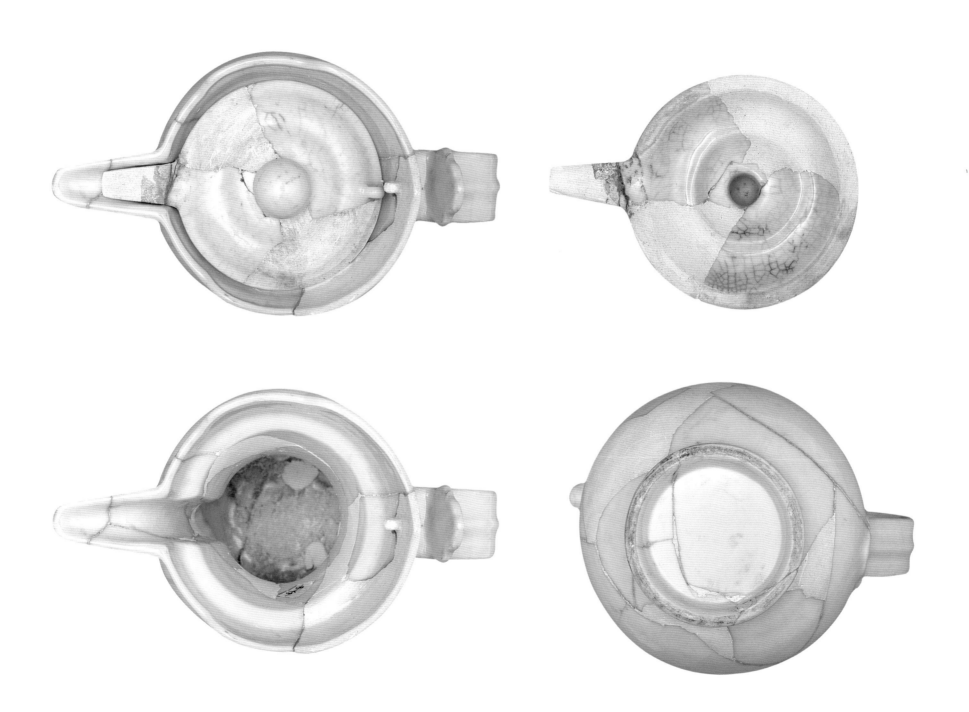

Sweet white glazed monk's cap jug with incised design of interlocking flowers

Yongle Period, Ming Dynasty, Overall height 19.3cm mouth diameter 15.9cm belly diameter 14cm foot diameter 7.5cm, Unearthed at Zhushan, Imperial Kiln in 1983

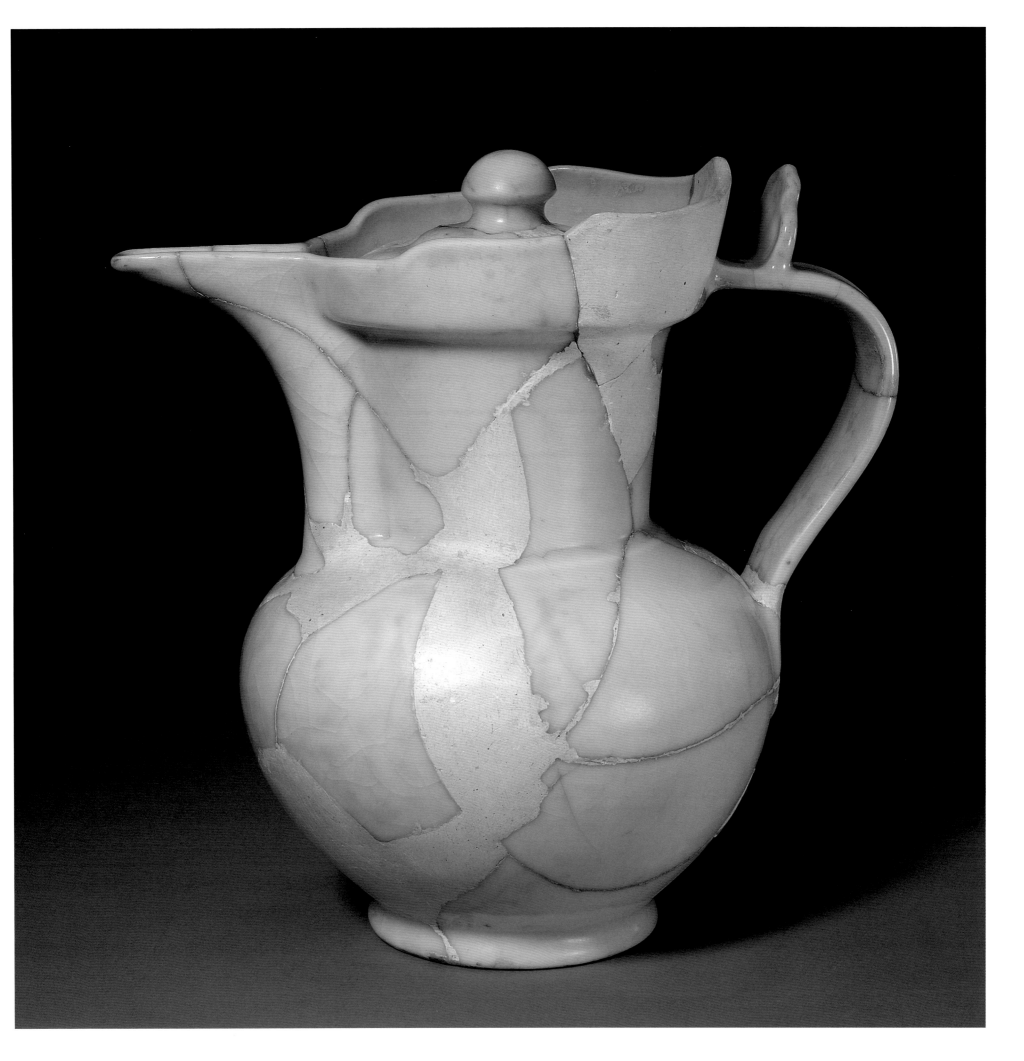

| 白釉执壶

明永乐
高 32.6 厘米　口径 7.1 厘米　腹径 17.5 厘米　足径 11.1 厘米
1983 年出土于御窑珠山

壶长颈，深腹，圈足。短方流，弧柄，两端呈云头式。通体施白釉。

此壶造型仿自阿拉伯地区金属器。传世的同类青花器流口作一葫芦形小洞，而此器流口为长方形，与阿拉伯地区原器更为接近，故其年代当早于传世的同类青花器。

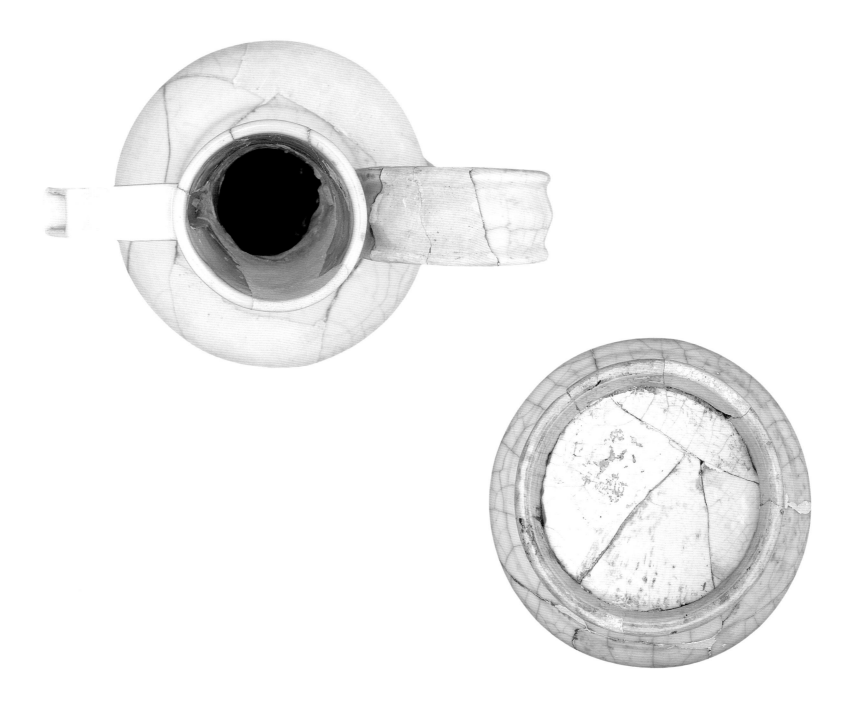

White glazed pot with handle at one side
Yongle Period, Ming Dynasty, Height 32.6cm mouth diameter 7.1cm belly diameter 17.5cm foot diameter 11.1cm, Unearthed at Zhushan, Imperial Kiln in 1983

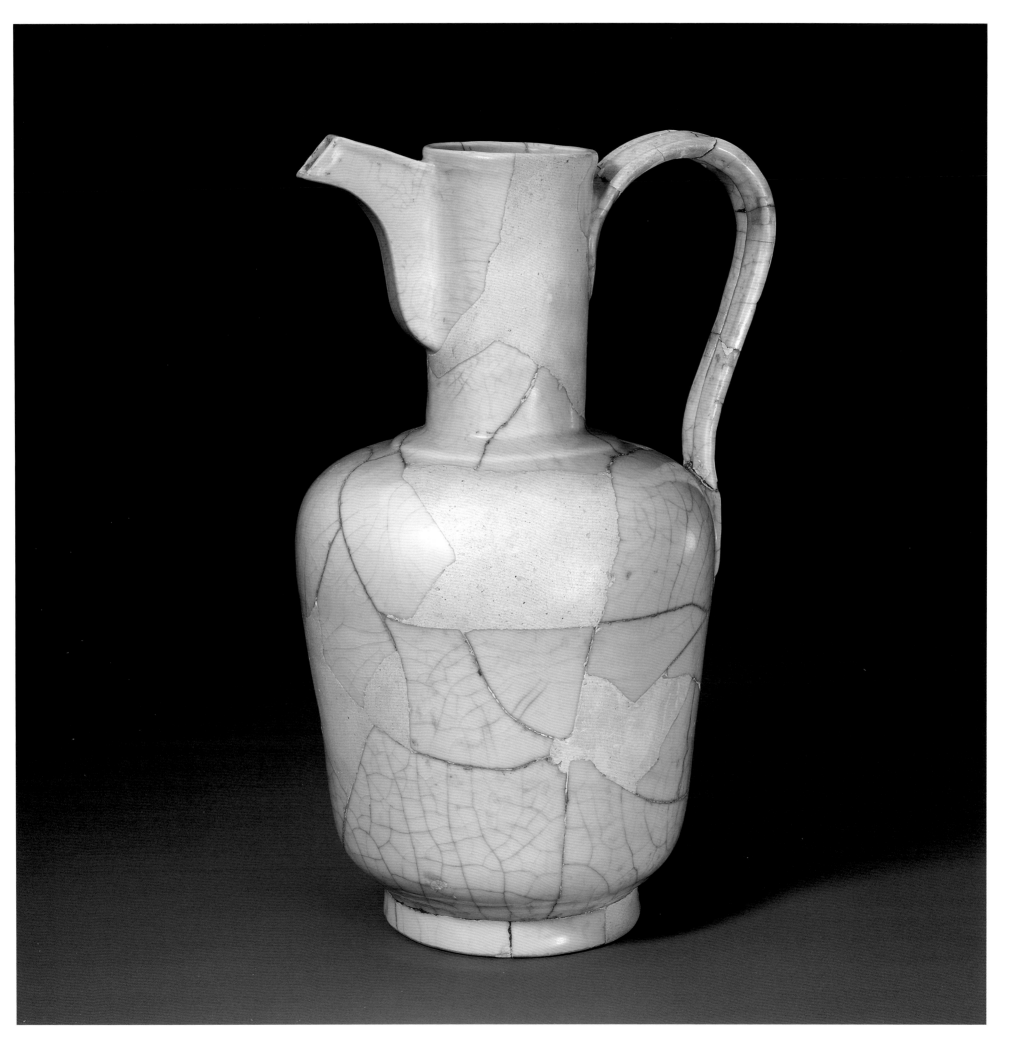

128

白釉镂空花纹三壶连通器

明永乐
高 31.2 厘米
1983 年出土于御窑珠山

器口呈杯状，杯底有花形筛孔，通过颈部及其下的三扁管与三个带圈足的球状器相连通。通体施白釉。颈部下层以镂空花纹为饰，器身饰凸起的弦纹多道，其间锥刻阿拉伯式錾金纹样。

从断面观察，除了三球状器的下半部分为轮制旋削成型外，其余部分均采用模印分段接成（其转折接合处为子母口），部件多，结构复杂，成型难度大。

White glazed communicating vessel with patterns in openwork
Yongle Period, Ming Dynasty, Height 31.2cm, Unearthed at Zhushan, Imperial Kiln in 1983

甜白釉浮雕莲瓣纹束腰器座

明永乐

高 19.3 厘米　口径 12.3 厘米　腹径 20.1 厘米

1983 年出土于御窑珠山

座上部呈敛口平底盘状，中为束腰，下部呈覆盘状，承云头式三足。通体施甜白釉。口饰双珠一圈，其下高浮雕仰莲瓣三层。束腰部饰浮雕缠枝花。下部台面绕以浮雕覆莲瓣两层，底边口饰凸线卷曲牙子纹。

此座口部的一圈双珠尚存元瓷装饰遗风。该器造型庄重别致，构思精巧，是一件受石刻影响的陶瓷珍品。

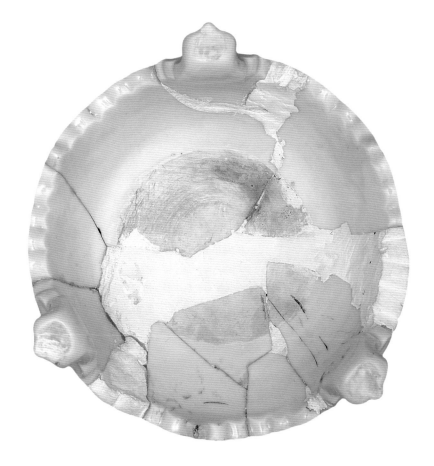

Sweet white glazed wasp-waisted base with design of lotus-petals in relief
Yongle Period, Ming Dynasty, Height 19.3cm mouth diameter 12.3cm belly diameter 20.1cm, Unearthed at Zhushan, Imperial Kiln in 1983

130 白釉乳丁纹钟

明永乐
高 19.5 厘米
1999 年出土于御窑珠山

钟造型仿青铜器。内外壁施白釉，口缘涩胎。外壁分三层饰细乳丁状地，间隔饰三排乳丁，器顶部钮残失，仅存痕迹。

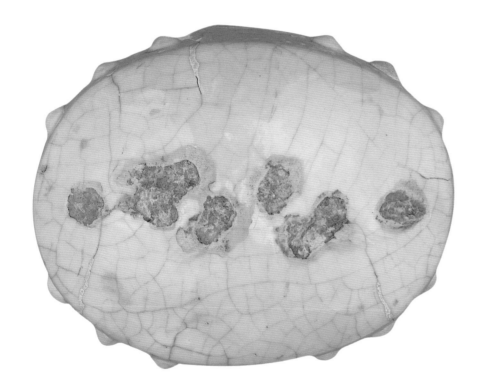 

White glazed bell with design of nipple pattern
Yongle Period, Ming Dynasty, Height 19.5cm, Unearthed at Zhushan, Imperial Kiln in 1999

131 甜白釉刻云龙纹梨形执壶

明永乐

通高 11.9 厘米　口径 3.6 厘米　足径 5.5 厘米

故宫博物院藏

壶体为梨形，小口，口以下渐丰，垂腹，圈足。腹的一侧置弯曲的长流，另一侧置一曲柄。盖圆形隆起，宝珠钮。钮盖与柄之间各饰一圆形小系相互对应，为连接线绳之用。通体施白釉，腹部刻云龙纹，刻线舒展流畅。

梨式壶始见于元代，明代的永乐、宣德乃至嘉靖时期景德镇多有烧制。

Sweet white glazed pear-shaped pot with handle at one side and incised design of cloud and dragon

Yongle Period, Ming Dynasty, Overall height 11.9cm　mouth diameter 3.6cm　foot diameter 5.5cm, Collected by the Palace Museum

釉里红云龙纹梨形执壶

明永乐
通高 12.5 厘米　口径 4 厘米　足径 5.6 厘米
1984 年出土于御窑珠山

壶直口，身呈梨形，弯流曲柄，柄上端有一小系，圈足外高内浅且微外撇。腹以釉里红绘双龙戏珠，其间饰以祥云；腹下部与盖均饰变形莲瓣纹一周，流两侧与足壁绘卷草纹。

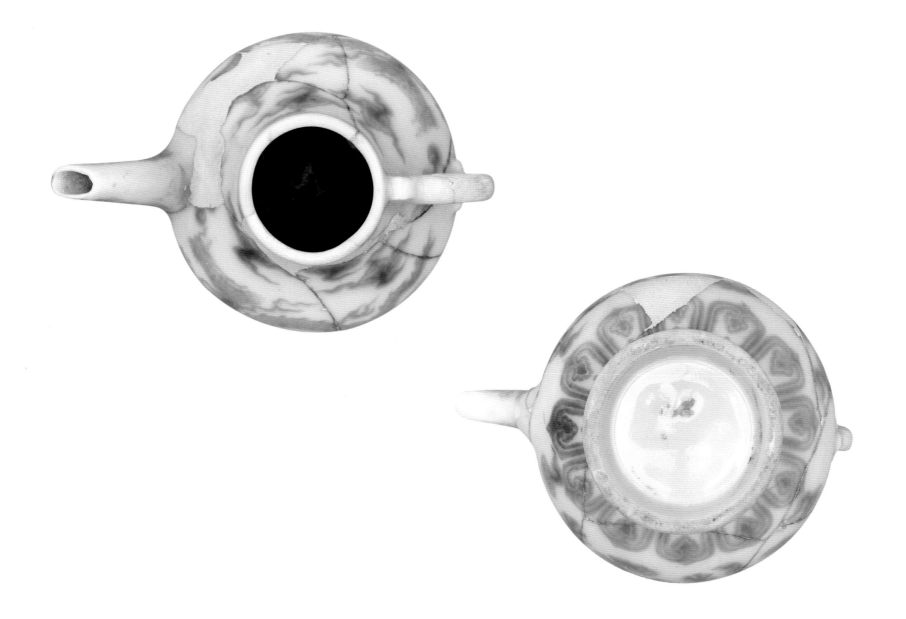

Pear-shaped pot with handle at one side and design of cloud and dragon in underglaze red
Yongle Period, Ming Dynasty, Overall height 12.5cm　mouth diameter 4cm　foot diameter 5.6cm, Unearthed at Zhushan, Imperial Kiln in 1984

133 黄釉锥绿龙纹梨形执壶

明永乐
通高 12.4 厘米　口径 3.9 厘米　腹径 8.5 厘米　足径 5.6 厘米
1983 年出土于御窑珠山

壶圆口，身梨形，流长弯，曲柄，圈足外高内浅，微外撇。盖半球形花蕾状珠顶，盖沿与柄的上端各有一小系。壶内施白釉，足内仅外围一周与足内壁施釉，底心无釉。身以黄釉为地，外壁锥刻双龙戏珠及祥云纹，腹下部与盖面均锥刻变形莲瓣纹一周，流两侧与足外壁锥刻卷草纹，皆填绿釉。

Pear-shaped pot with handle at one side and incised design of dragon in green on yellow ground
Yongle Period, Ming Dynasty, Overall height 12.4cm mouth diameter 3.9cm belly diameter 8.5cm foot diameter 5.6cm, Unearthed at Zhushan, Imperial Kiln in 1983

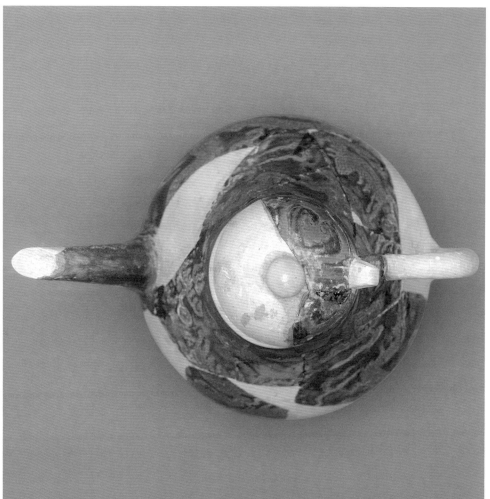

134 白釉方流鸡心扁壶

明永乐
高 20.3 厘米　口径 9.3 厘米　腹横 17.6 厘米　底横 7.1 厘米
1983 年出土于御窑珠山

壶侈口，扁腹，方流，柄扁曲，平底呈椭圆形。通体施白釉，底无釉。腹部两面各有一凸起鸡心饰。

此壶系模制黏结而成，造型仿自金属器皿，永乐以前似不多见，嘉靖时期有青花制品，但造型与此器相去甚远。

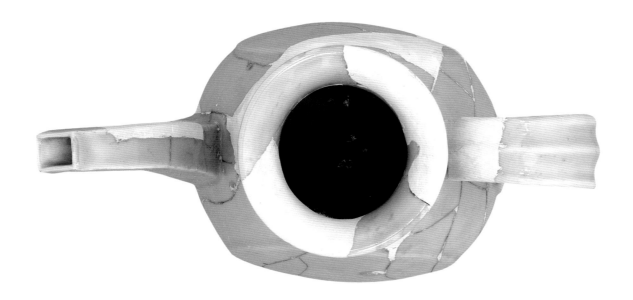

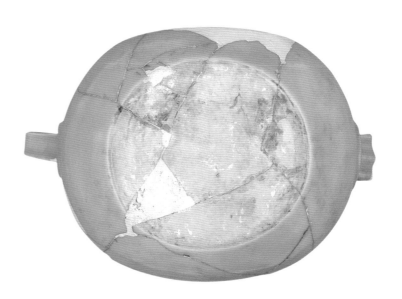

White glazed flat pot with square spout and design of chicken heart in relief
Yongle Period, Ming Dynasty, Height 20.3cm mouth diameter 9.3cm length of belly 17.6cm length of bottom 7.1cm, Unearthed at Zhushan, Imperial Kiln in 1983

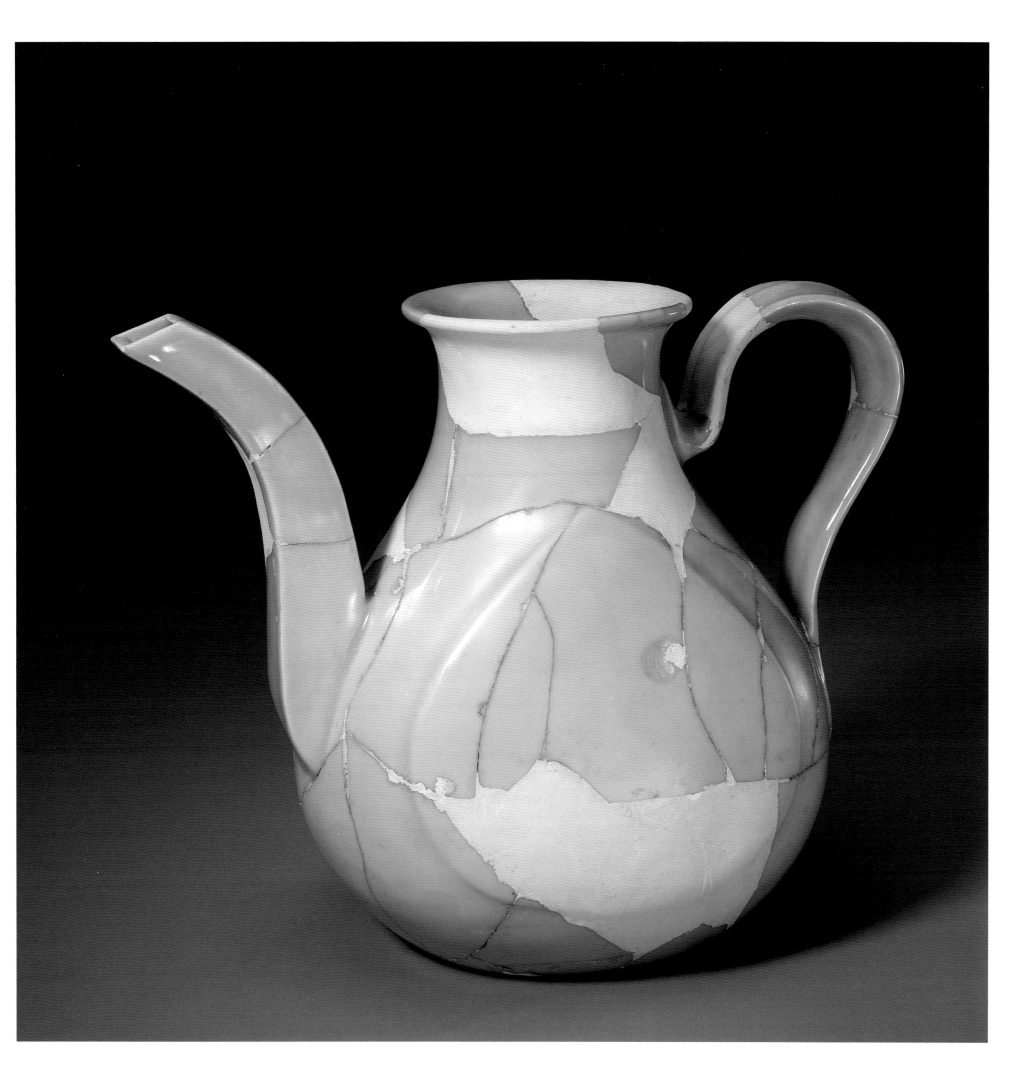

135 甜白釉四系矮壶

明永乐
高 17.8 厘米　口径 7.5 厘米　足径 16 厘米
1983 年出土于御窑珠山

壶直口，短颈，平肩，肩部有四系，身矮腹丰，流较粗短高过瓶口，柄扁曲，浅圈足微外撇。造型饱满，容量大。通体施甜白釉。

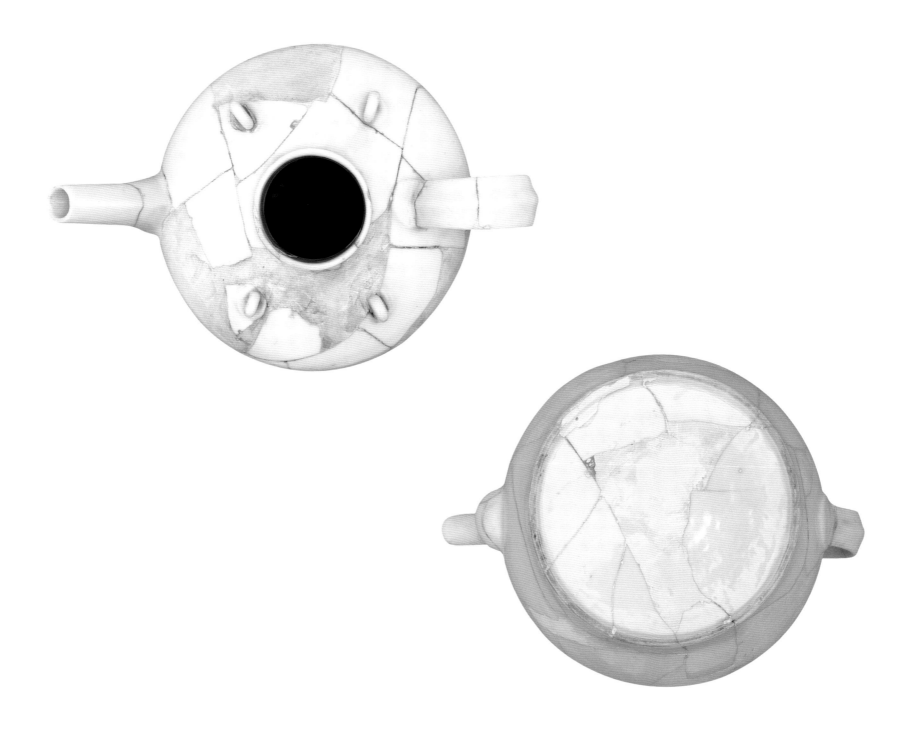

Sweet white glazed pot with four handles
Yongle Period, Ming Dynasty, Height 17.8cm mouth diameter 7.5cm foot diameter 16cm, Unearthed at Zhushan, Imperial Kiln in 1983

136 甜白釉双环耳带盖皿

明永乐

通高 19.4 厘米　口径 26.8 厘米　腹径 28.1 厘米　底径 15.6 厘米

1983 年出土于御窑珠山

器身直壁，下腹略弧，平底。盖呈三层台式，大宝珠顶，子母口，口两侧各有两小系，系中贯以活提环。除底外通体施甜白釉。胎薄体轻。

此器制作极为精致，为罕见之物。

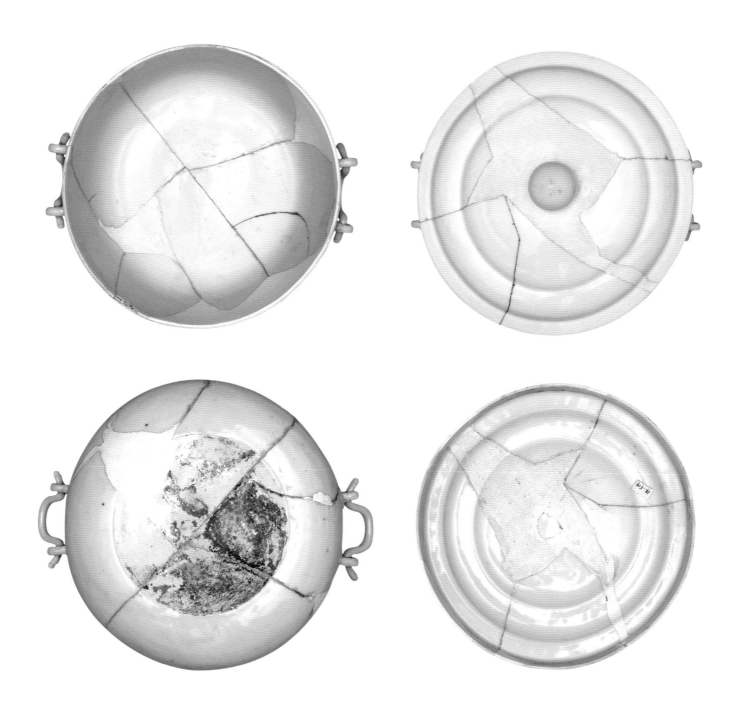

Sweet white glazed ware with two handles and cover
Yongle Period, Ming Dynasty, Overall height 19.4cm mouth diameter 26.8cm belly diameter28.1cm bottom diameter 15.6cm, Unearthed at Zhushan, Imperial Kiln in 1983

甜白釉盘口兽耳长颈瓶

明永乐
高 78 厘米　口径 15.6 厘米　腹径 29.5 厘米　足径 17.5 厘米
1983 年出土于御窑珠山

瓶盘口，长颈，深腹，足作三层台式。颈下部两侧各饰一衔环铺首。通体施甜白釉。

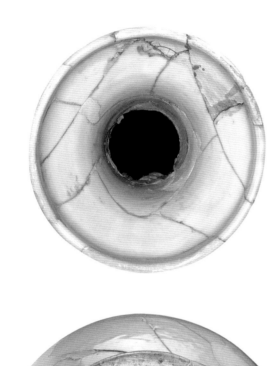

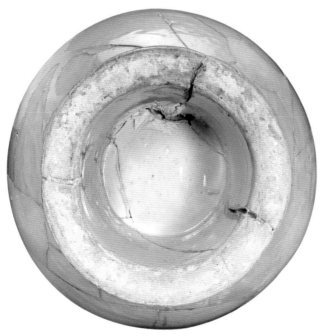

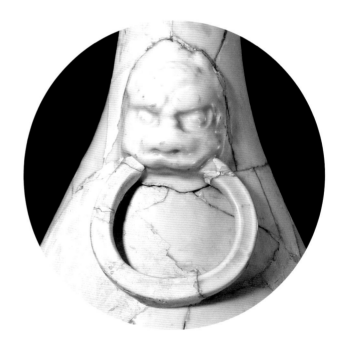

Sweet white glazed vase with dish-shaped mouth, long neck and animal-shaped handles
Yongle Period, Ming Dynasty, Height 78cm mouth diameter 15.6cm belly diameter 29.5cm foot diameter 17.5cm, Unearthed at Zhushan, Imperial Kiln in 1983

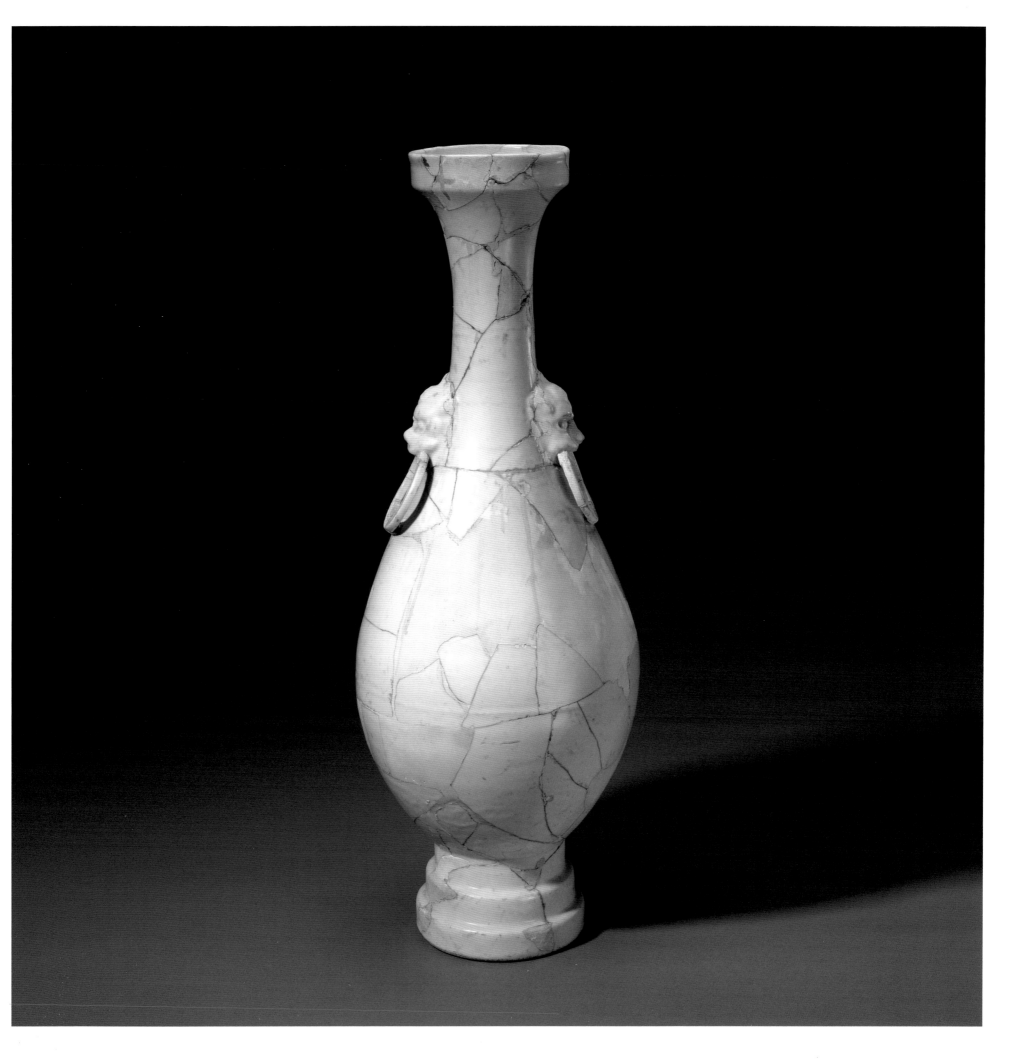

138 青釉净瓶

明永乐

高 27 厘米　口径 3.4 厘米　腹径 11.2 厘米　足径 9.5 厘米

1982 年出土于御窑珠山

瓶直口，长颈，颈部有一多层环状凸起，丰肩，敛腹，足作四层台式。通体施橄榄绿色青釉，足内亦有釉。

Green glazed holy-water vase
Yongle Period, Ming Dynasty, Height 27cm mouth diameter 3.4cm belly diameter 11.2cm foot diameter 9.5cm, Unearthed at Zhushan, Imperial Kiln in 1982

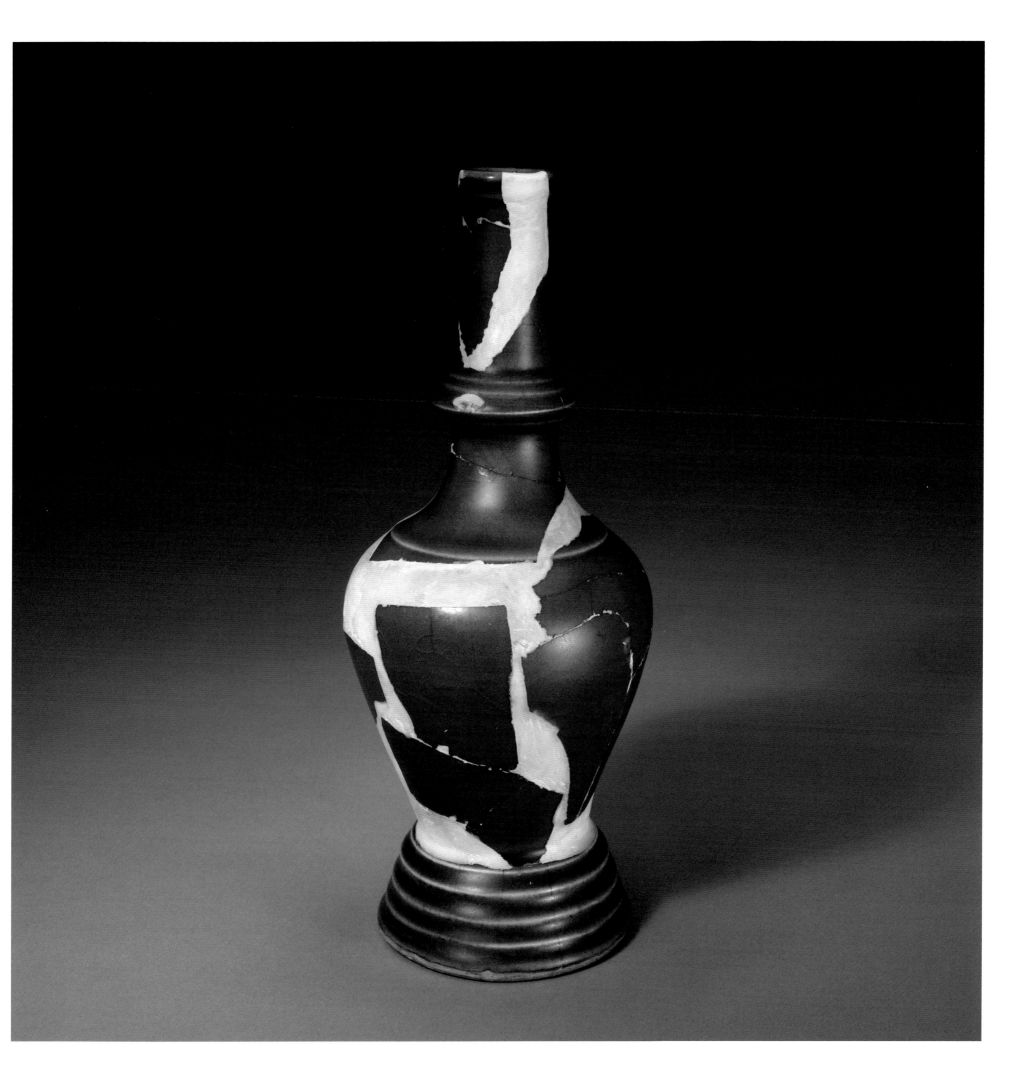

139

青花折枝葡萄纹高足碗

明永乐
高 11.4 厘米　口径 17 厘米　足径 4.2 厘米
故宫博物院藏

碗侈口，高圈足中空。通体以青花为饰，里心饰折枝桃纹，内壁饰缠枝灵芝纹，外壁饰折枝葡萄纹，足柄饰缠枝灵芝纹。

高足碗盛于元代，又称"靶碗"，由于用作供器，亦称"佛碗"。在明代初年亦十分流行，明永乐、宣德时继续承烧而造型较元代有所变化，碗身加高，足变矮。

此高足碗为清宫旧藏。

Blue and white bowl with high stem and design of disconnected sprays of grapes
Yongle Period, Ming Dynasty, Height 11.4cm mouth diameter 17cm foot diameter 4.2cm, Collected by the Palace Museum

青花鹊梅纹高足碗

明永乐
高 10.8 厘米　口径 16.7 厘米　足径 4.5 厘米
故宫博物院藏

碗敞口，高圈足中空。以青花为饰，纹饰集中于里心，双圈内绘鹊梅纹。此高足碗为清宫旧藏。

Blue and white bowl with high stem and design of magpies and plum blossom
Yongle Period, Ming Dynasty, Height 10.8cm　mouth diameter 16.7cm　foot diameter 4.5cm, Collected by the Palace Museum

141 冬青釉高足碗

明永乐
高 11.3 厘米　口径 16 厘米　足径 4.7 厘米
故宫博物院藏

碗侈口，深腹，腹下渐收，高圈足，中空，足微外撇。通体施冬青釉，釉色淡雅匀净，有如青玉一般。足上部饰凸弦纹一道。

青釉是我国瓷器的传统色釉，宋代龙泉窑取得了极大成就，其釉色在明清两代均有仿制且有创新。明代仿龙泉青釉始自永乐朝，釉色有两种，一种偏青绿色的称为"冬青釉"，一种较青淡的称为"翠青釉"。此器釉色即为前者，传世较少，极为珍贵。

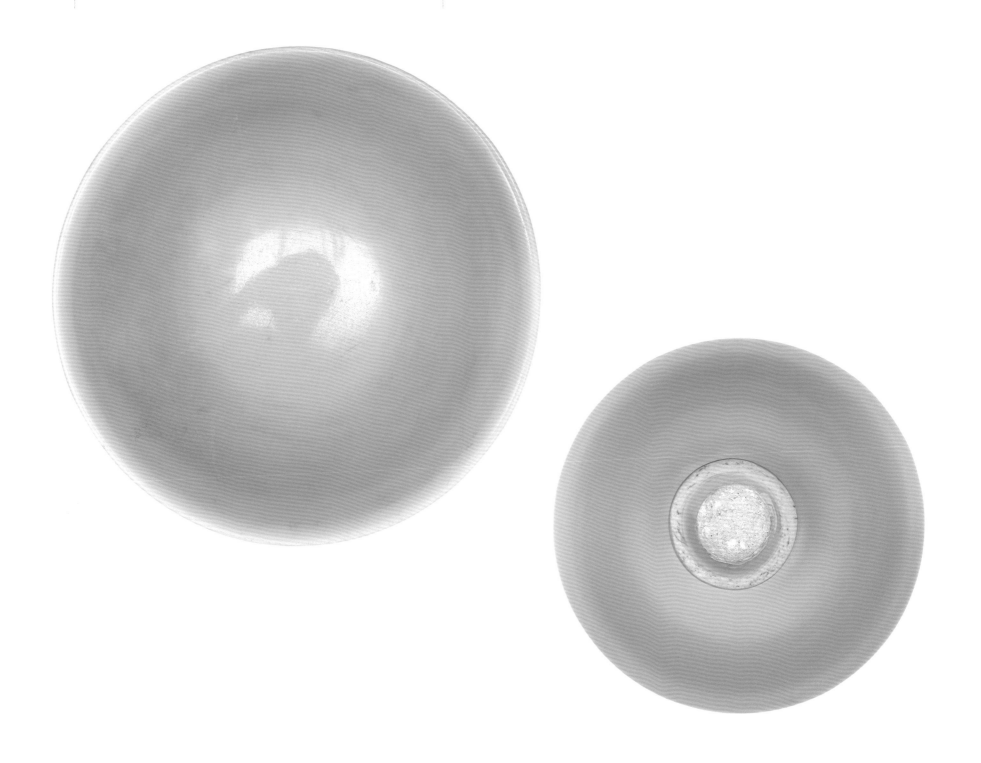

Dong green glazed bowl with high stem
Yongle Period, Ming Dynasty, Height 11.3cm　mouth diameter 16cm　foot diameter 4.7cm, Collected by the Palace Museum

142 酱釉高足碗

明永乐
高 10.6 厘米　口径 15.2 厘米　足径 4 厘米
2003 年出土于御窑珠山北麓

碗侈口，浅弧腹，中空高足。内、外壁施酱釉，足内施白釉。

酱釉亦称"紫金釉"，是一种以铁为着色剂的高温釉，始创于宋代北方窑口。此碗釉色呈色较佳，但器物变形。

Dark brown glazed bowl with high stem
Yongle Period, Ming Dynasty, Height 10.6cm mouth diameter 15.2cm foot diameter 4cm, Unearthed at the northern part of Zhushan, Imperial Kiln in 2003

143 鲜红釉印云龙纹高足碗

明永乐
高 9.9 厘米　口径 15.8 厘米　足径 4.2 厘米
故宫博物院藏

碗侈口，弧腹，瘦底，下承中空高足。内施白釉，并印有云龙纹，里心刻一朵葵花，花心内划有"永乐年制"四字篆书款；外壁施鲜亮铜红釉。灯草口。

鲜红釉为永乐时的新品种，它是以铜为着色剂在高温下经过还原焰的气氛烧制而成，成品率极低，因此极为珍贵。此高足碗为清宫旧藏，且有款识，当为珍品。

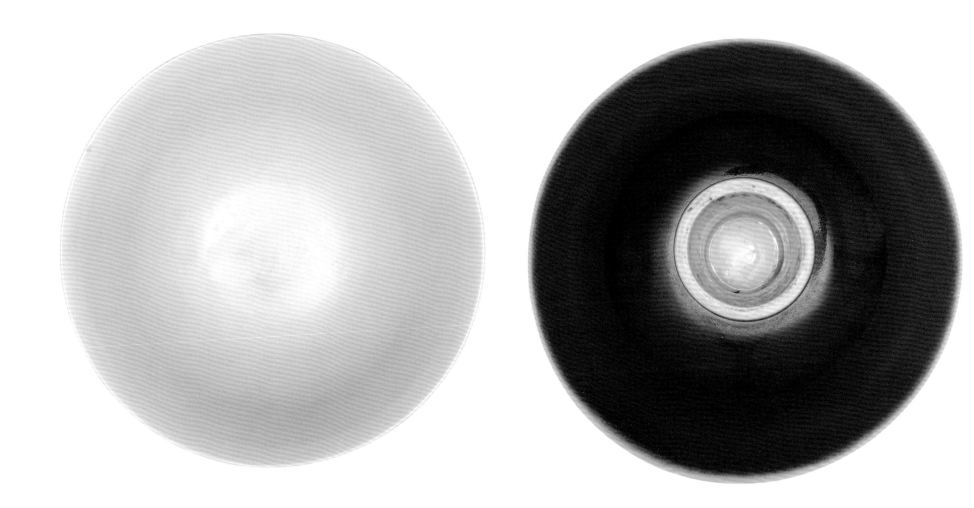

Bright red glazed bowl with high stem and stamped design of cloud and dragon
Yongle Period, Ming Dynasty, Height 9.9cm mouth diameter 15.8cm foot diameter 4.2cm, Collected by the Palace Museum

144 鲜红釉高足碗

明永乐
高 10.7 厘米　口径 19 厘米　足径 4.2 厘米
故宫博物院藏

碗敞口，深弧腹，细圆柄形足，足内中空。碗内外施鲜红釉，柄内施白釉。
此高足碗为清宫旧藏。

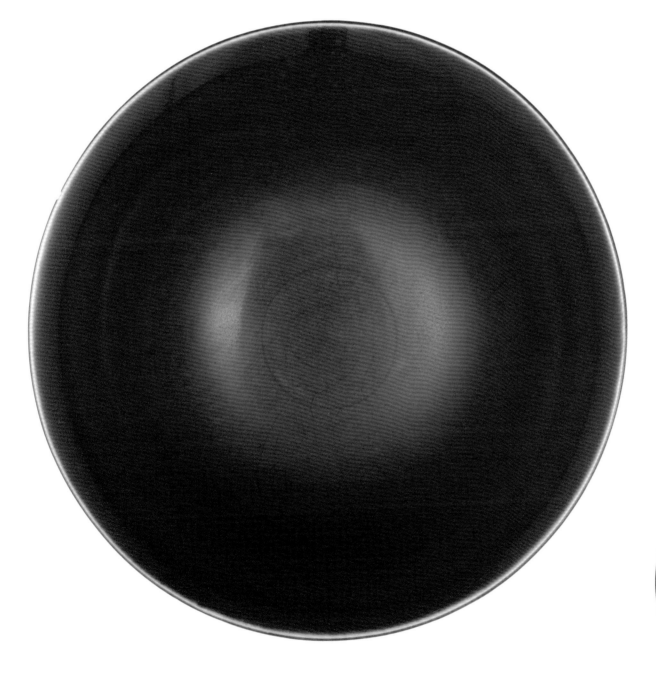

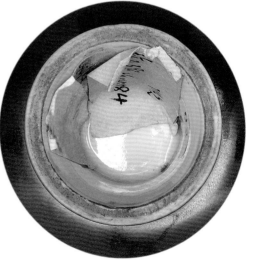

Bright red glazed bowl with high stem
Yongle Period, Ming Dynasty, Height 10.7cm　mouth diameter 19cm　foot diameter 4.2cm, Collected by the Palace Museum

145 红釉印龙纹高足碗

明永乐
高 10.1 厘米　口径 15.8 厘米　足径 4.2 厘米
2003 年出土于御窑珠山北麓

碗侈口，斜弧腹，中空柱状足微外撇。内外壁均施红釉，足内施白釉。内壁隐约可见印有双龙纹饰，里心印有"永乐年制"四字双行篆书款。

此碗心的"永乐年制"篆文印款特别清晰，是迄今为止永乐高足碗中印款最清晰的一件。

Red glazed bowl with high stem and stamped dragon design
Yongle Period, Ming Dynasty, Height 10.1cm mouth diameter 15.8cm foot diameter 4.2cm, Unearthed at the northern part of Zhushan, Imperial Kiln in 2003

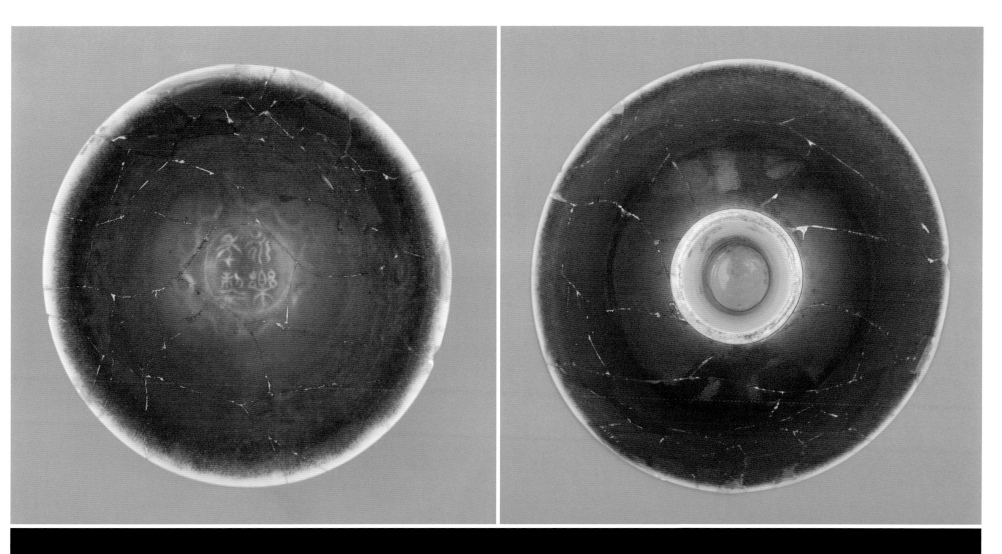

146 | 鲜红釉盘

明永乐
高 4 厘米　口径 20.3 厘米　足径 12.4 厘米
故宫博物院藏

盘敞口，弧腹，圈足。通体施红釉，口沿因高温熔融使铜红釉垂流而显露出白色胎骨，俗称"灯草边"，足底施白釉。

此盘为清宫旧藏。造型规整，胎体轻，釉色鲜艳，是永乐鲜红釉瓷的代表作。

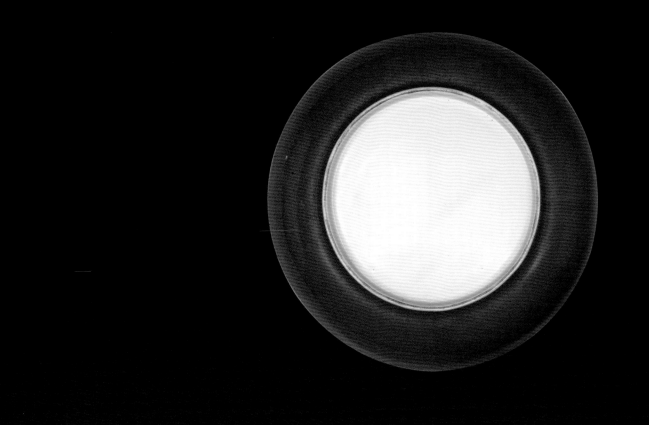

147 红釉印折枝瑞果纹盒

明永乐

高 10.3 厘米　口径 18.9 厘米　足径 14.5 厘米

2003 年出土于御窑珠山北麓

盒扁圆形，子母口，圈足。内壁、外底施白釉，外壁施红釉。盖面上印折枝瑞果纹，近口沿处印三支折枝瑞果纹；盒外壁印三支折枝瑞果纹，口沿饰六出小团花一周。

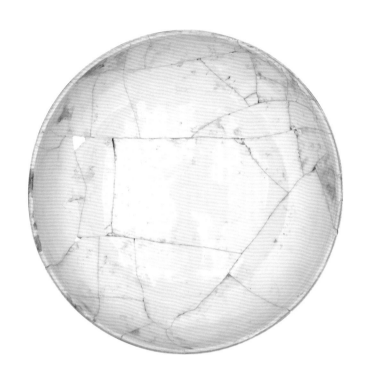

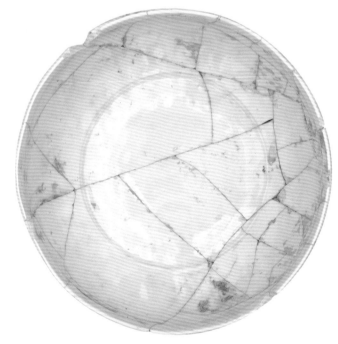

Red glazed box with stamped design of disconnected sprays of auspicious fruits
Yongle Period, Ming Dynasty, Height 10.3cm mouth diameter 18.9cm foot diameter 14.5cm, Unearthed at the northern part of Zhushan, Imperial Kiln in 2003

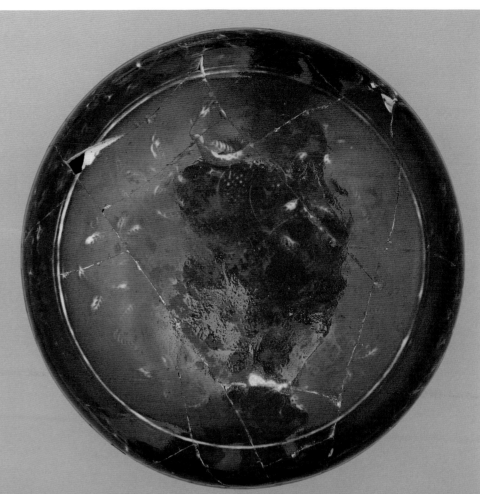

148 红釉点彩碗

明永乐
高 6.6 厘米　口径 19.5 厘米　足径 7.8 厘米
2003 年出土于御窑珠山北麓

碗敞口，弧腹，圈足。内施红釉，外壁以铜红料作无规律点彩，再罩以白釉，圈足外壁也有彩点。

此碗应为试铜红料之器。

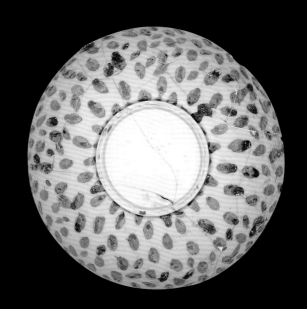

Bowl with design of dots outside in underglaze red
Yongle Period, Ming Dynasty, Height 6.6cm mouth diameter 19.5cm foot diameter 7.8cm, Unearthed at the northern part of Zhushan, Imperial Kiln in 2003

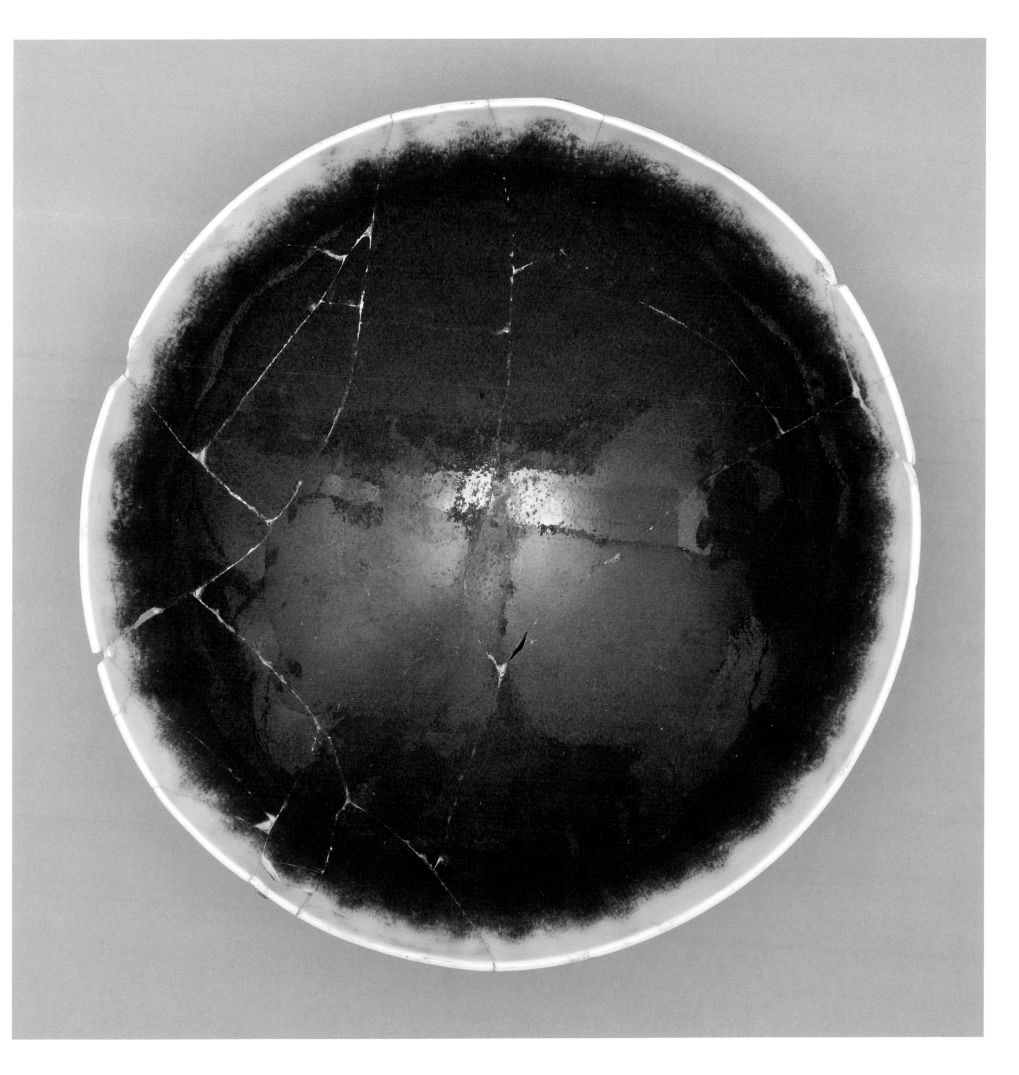

149

青花梵文勺

明永乐

长 33.5 厘米　最宽 9.4 厘米

1984 年出土于御窑珠山

勺较大，勺内外满釉，沿去釉露胎。里心书梵文五圈，中另置一字，柄书梵文横向排列；背绘散点式莲花。

此勺系覆放在特制的支垫物上烧成。

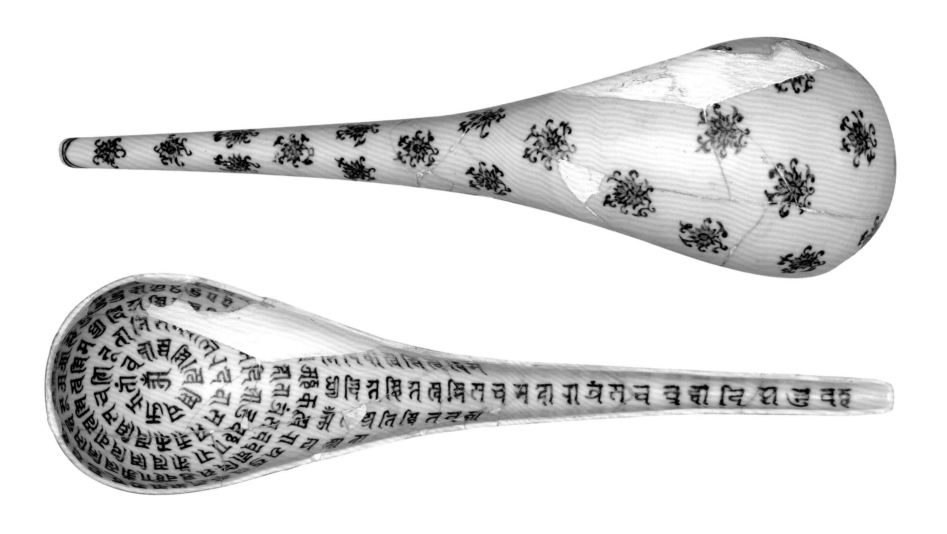

Blue and white spoon with design of Sanskrit
Yongle Period, Ming Dynasty, Length 33.5cm max width 9.4cm, Unearthed at Zhushan, Imperial Kiln in 1984

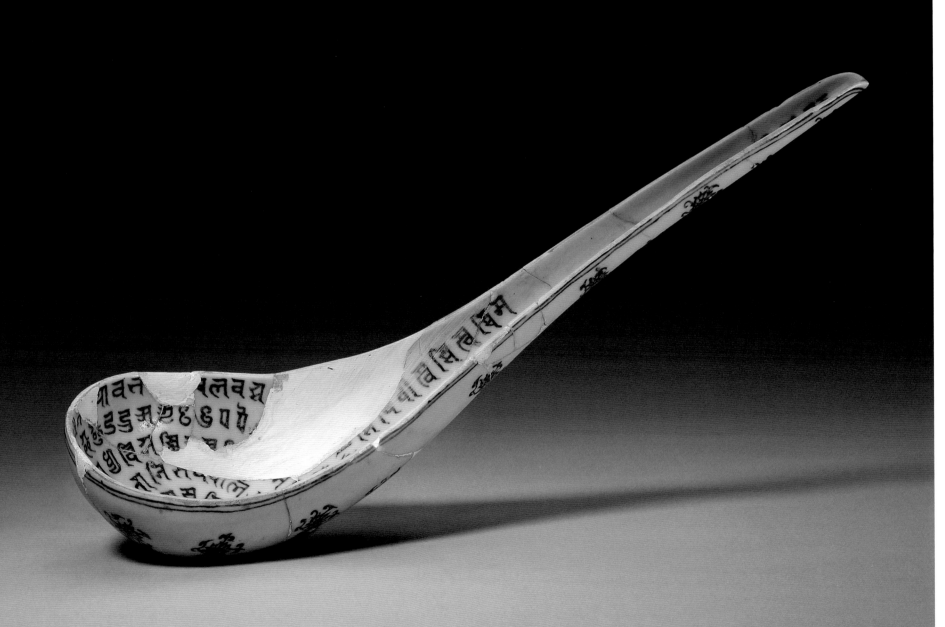

150

黑釉方盒

明永乐

高 6.7 厘米　长 7 厘米　宽 6.8 厘米

1984 年出土于御窑珠山

盒呈四方形，子母口，方框形浅足。盖面微隆起，四角略下塌。盒与盖内均施黑釉，釉薄处呈褐色，足内无釉。

此器保留了洪武遗风。

Black glazed square box
Yongle Period, Ming Dynasty, Height 6.7cm length 7cm width 6.8cm, Unearthed at Zhushan, Imperial Kiln in 1984

151 黑釉双耳三足炉

明永乐

高 11.6 厘米　口径 12.8 厘米

1999 年出土于御窑珠山

炉折沿，鼓腹，双象鼻形耳，三足。外壁通体施黑釉，内壁涩胎。腹刻白书"永乐贰拾壹年岁次癸卯吉日喜舍湖坑大桥求"。

从形制与刻书内容来看，此炉应为供奉用器。

Black glazed burner with two handles and three legs
Yongle Period, Ming Dynasty, Height 11.6cm mouth diameter 12.8cm, Unearthed at Zhushan, Imperial Kiln in 1999

专论

Essays

略谈景德镇明代御器厂遗址
考古发掘的重要意义

吕成龙

图一　考古发掘揭露的明代景德镇御
窑窑炉遗址
（2005 年 10 月 19 日吕成龙摄）

众所周知，景德镇在明、清两代已成为全国乃至世界的瓷业中心，有所谓"天下窑器所聚"[1] 之称，当时天下至精至美之瓷器莫不出于景德镇，特别是景德镇御器厂所产瓷器，代表了中国乃至世界瓷器的最高水平，历来受人瞩目。

然而，由于瓷器易碎，在日常使用和朝代更迭过程中，有不少瓷器被损耗。至清代末年，虽说仍有大量明、清御窑瓷器被保存下来，现主要收藏在故宫博物院、台北故宫博物院，部分暂存于南京博物院，国内外其他博物馆或私人手中亦有不少收藏，但毕竟无法反映当时御器厂生产的真实情况。因此，古陶瓷研究者把希望寄托在景德镇御器厂遗址的考古发掘上。

自 20 世纪 70 年代以来，景德镇市陶瓷考古研究所配合以珠山为中心的景德镇市政府大院基本建设工程，先后发现了明代洪武、永乐、宣德、正统、成化、正德等朝御用瓷器落选品的遗迹、相关遗物和部分窑炉遗址，经抢救发掘（图一），获得数十吨御用瓷器落选后被打碎丢弃的残片，黏合复原出数以千计的御窑瓷器，这对于深入研究明代御窑产品和御窑制度具有非常重要的意义。本人认为，对景德镇明代御器厂遗址进行考古发掘的重要意义主要体现在以下几个方面。

一　极大地推进了明代御窑瓷器的研究

景德镇御器厂遗址出土的数以吨计的瓷片和窑具标本（其中已修复成整器的多达上千件），对于深入研究明代御窑具有非常重要的意义，突破了过去仅凭文献和传世品进行研究的局限性，以往一些在学术上因谨慎而不敢下的结论可以理直气壮地作出了。以下仅举两例。

1. 解决了学界长期争论不休的明代御器厂最早设立于何时的问题

关于明代御器厂设置的年代，文献记载有洪武二年（1369 年）和洪武三十五年两种说法，长期以来没有定论。

清嘉庆二十年（1815 年）蓝浦《景德镇陶录》卷一《图说》之"景德镇图"曰："明洪武二年（蓝氏自注：《江西大志》作三十五年）就镇之珠山设御窑厂，置官监督，烧造解京。国朝因之，沿旧名。"

该书卷五《景德镇历代窑考》之"明洪窑"条曰："洪武二年设厂于镇之珠山麓，制陶供上方，称官瓷，以别民窑。"

清乾隆七年《浮梁县志·建置》之"景德镇厂署"条曰："御器厂建于里仁都珠山之南，明洪武二年设厂制陶，以供尚方之用。"

明嘉靖年间王宗沐撰《江西省大志·陶书》曰："洪武三十五年始开窑烧造，解京供用，有御厂一所，官窑二十座。"

刘新园先生利用景德镇珠山出土的大量洪武时期御用瓷器遗物结合文献记载进行深入研究，认为明代御器厂设置于洪武二年说可信[2]。刘新园先生在文献方面的主要依据是《明实录·太祖实录》《明史》中有关洪武元年至洪武十三年朱元璋曾将大量瓷器用作祭祀用器，与外国交换良马用器和赏赐外国国王、贡使的礼品等。在实物方面的主要依据是明代御器厂东院遗址第七文化层出土了一块有"监工浮梁县丞赵万初"题记的黑釉板瓦。清代康熙《浮梁县志》卷五《官制》载："（洪武）二年复为县为丞。赵万初，咸阳人；陈登，有传。"因此，洪武二年，赵万初成为浮梁历史上第一任县丞。

2. 解决了明代御窑瓷器款识研究中的一些问题

对于明代御窑瓷器上何时开始署正规年款，以往只是推论洪武时期尚未开始，最早可能从永乐朝开始。景德镇明代御器厂遗址出土的大量实物资料证明了这一推论的正确性，即部分永乐御窑瓷器上署篆体"永乐年制"四字年款的做法，首次将明、清时期御用瓷器打上了类似皇家商标性质的烙印，开启了明、清两代御窑瓷器署正规帝王年号款之先河。

永乐时期景德镇御器厂所烧造的瓷器大都不署年款，少部分所署年款可分为青花料书写款、锥拱款和模印款三种。款识字体均为篆体，不见楷体。内容仅见"永乐年制"四字，不见"大明永乐年制"六字，目前所见署六字年款者，字体不论是楷体还是篆体，皆为伪款。

景德镇珠山明代御器厂遗址出土物还证明了明代御窑瓷器上所署"大明 ×× 年制"六字双行外围双圈款这一明清御窑瓷器上使用最多且久的款式，始自明宣德时期。明代正统、景泰、天顺三朝御窑瓷器上均不署正规年款，故凡署"大明正统年制"、"正统年制"、"大明景泰年制"、"景泰年制"、"大明天顺年制"、"天顺年制"款者皆为后仿品。成化御窑瓷器上所署楷体"大明成化年制"六字双行外围双方框款开启了明清御窑瓷器上署此种款式年款之先河。成化御窑瓷器上的年款均为"大明成化年制"楷体六字款，不见署"成化年制"四字年款者。

二 印证了大量传世明代御窑瓷器

景德镇珠山出土的明代洪武、永乐、宣德、成化、正德等朝御用瓷器中有很多可与传世品相互印证。如洪武青花花卉纹瓜棱石榴尊、永乐青花海水江崖纹双耳三足炉、永乐青花缠枝莲纹盖罐（图二、图三）、永乐青花缠枝莲纹双系罐、永乐青花海水刻白龙纹扁瓶、永乐青花开光三果纹执壶、永乐青花菊瓣纹鸡心碗、永乐青花折枝莲纹盘（图四、图五）、永乐青花松树纹大盘、永乐青花香瓜纹盘、宣德青花网格纹碗、宣德青花缠枝莲托八吉祥纹藏文僧帽壶、宣德青花穿花龙莲纹藏文僧帽壶、宣德青花阿拉伯式花纹绶带耳葫芦扁瓶（图六、图七）、宣德青花缠枝花卉纹花浇、宣德青花云龙纹钵、宣德青花团龙纹洗、宣德青花缠枝萱草纹豆、宣德青花龙穿缠枝莲纹高足碗、宣德青花海兽纹高足杯、宣德青花把莲纹盘、宣德鲜红釉碗（图八、图九）、宣德祭蓝釉白鱼藻纹盘、宣德祭蓝釉白折枝石榴花纹盘、宣德洒蓝釉暗花海水云龙纹钵（图一〇、图一一）、宣德洒蓝釉刻鱼莲纹碗、宣德孔雀绿釉碗、宣德孔雀绿釉盘（图一二、图一三）、宣德釉里红三果纹高足杯（图一四、图一五）等。

人们往往会认为所谓相同的作品其造型和纹饰即应完全一致，但事实却与想象不一

图二　明永乐青花缠枝莲纹盖罐
（故宫博物院藏）

图三　明永乐青花缠枝莲纹盖罐
（1994年出土于景德镇珠山，景德镇市陶瓷考古研究所藏）

图四　明永乐青花折枝莲纹折沿盘
（故宫博物院藏）

图五　明永乐青花折枝莲纹折沿盘
（1994年出土于景德镇珠山，景德镇市陶瓷考古研究所藏）

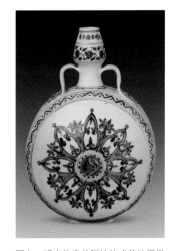

图六　明宣德青花阿拉伯式花纹绶带耳葫芦扁瓶
（故宫博物院藏）

图七　明宣德青花阿拉伯式花纹绶带耳葫芦扁瓶
（1982年出土于景德镇珠山，景德镇市陶瓷考古研究所藏）

图八　明宣德鲜红釉碗
（台北故宫博物院藏）

图九　明宣德鲜红釉碗
（1993年出土于景德镇珠山，景德镇市陶瓷
考古研究所藏）

图一〇　明宣德洒蓝釉刻海水云龙纹钵
（天津博物馆藏）

图一一　明宣德洒蓝釉暗花海水云龙
纹钵
（1983年出土于景德镇珠山，景德镇市陶瓷考
古研究所藏）

图一二　明宣德孔雀绿釉盘
（台北故宫博物院藏）

图一三　明宣德孔雀绿釉盘
（1998年出土于景德镇珠山，景德镇市陶瓷
考古研究所藏）

图一四　明宣德釉里红三果纹高足杯
（台北故宫博物院藏）

图一五　明宣德釉里红三果纹高足杯
（1982年出土于景德镇珠山，景德镇市陶瓷
考古研究所藏）

样。仔细比对可以发现，所谓造型、纹饰相同的作品，其实纹饰并不是百分之百完全一致，只能说是大致相同，其细部总会有变化。这或许是当时有意为之，反映了明代御用瓷器在图案纹饰方面追求大体相同细部变化的时代风貌，也反映了当时人们的审美趣味。

三　弥补了传世明代御窑瓷器中的欠缺

在景德镇珠山明代御器厂遗址发掘出土的御用瓷器中，除了大量可与传世品相互印证者以外，也有不少不见于传世品中，这类器物对于全面了解当时景德镇御器厂的烧造品种具有非常重要的意义。如永乐白釉镂空花纹三壶连通器、高达78厘米的永乐甜白釉盘口兽耳长颈瓶、永乐甜白釉浮雕莲瓣纹束腰器座、永乐红釉印折枝瑞果纹盒、永乐釉里红海水云龙纹梅瓶、永乐黑釉方盒、永乐二十一年黑釉双耳三足炉、永乐绿彩灵芝竹叶纹器托（图一六）、宣德鲜红釉暗花海水云龙纹梅瓶、宣德鲜红釉椭圆水仙盆、宣德鲜红釉桃形执壶、宣德酱釉椭圆水仙盆、宣德祭蓝釉僧帽壶、成化青花龙穿缠枝莲纹直颈瓶、成化红地绿彩缠枝灵芝纹双耳三足香炉、成化白地绿彩缠枝灵芝纹双耳三足香炉、成化素三彩鸭形香熏（图一七）等。

对传世和出土的永乐、宣德御窑瓷器进行综合研究可以发现，永乐时期景德镇御器厂除了继续烧造此前已有的青花、釉里红、鲜红釉、祭蓝（青）釉、紫金釉、黑釉瓷等传统品种外，还成功创烧出青花釉里红、青花加金彩、黄地绿彩、红地绿彩、白地绿彩、白地矾红彩、白地金彩、绿地酱彩瓷和甜白釉、仿龙泉釉、翠青釉瓷等十多个新品种。特别是永乐时期的青花瓷和鲜红釉、甜白釉瓷，质量精湛，备受后人推崇，对后来景德镇制瓷业产生过极其重要的影响。在器物造型方面，新的器形层出不穷，尤其是模仿伊斯兰国家黄铜、玉器、陶器造型和纹饰大量烧造的甜白釉或青花无当尊、双系活环背壶、方流执壶、绶带耳葫芦扁瓶、如意耳扁瓶、绶带耳蒜头口扁瓶、委角方瓶、花

图一六　明永乐绿彩灵芝竹叶纹器托
（1994年出土于景德镇珠山，景德镇市陶瓷考古研究所藏）

图一七　明成化素三彩鸭形香熏
（1987年出土于景德镇珠山，景德镇市陶瓷考古研究所藏）

浇、折沿盆（洋帽洗）、八方烛台、笔盒等，显示出永乐时期景德镇御器厂擅于吸收优秀外来文化创造崭新陶瓷艺术品的能力，为中国传统陶瓷造型增添了活力。

宣德（1426～1435年）一朝历时虽仅有短暂的10年，但由于这期间没有大的天灾人祸，加之宣德皇帝治国有方、深谙艺术，致使这一时期各门类工艺美术几乎都取得过非凡成就。景德镇御器厂在永乐时期已奠定的良好基础上，获得更大发展。从大量传世和出土的宣德御窑瓷器看，此时景德镇御器厂除了继续烧造传统的青花、釉里红、青花釉里红、鲜红釉、甜白釉、祭蓝（青）釉、祭蓝（青）釉白花、黑釉、酱釉、仿龙泉釉、孔雀绿釉、浇黄釉、孔雀绿釉青花、黄地绿彩、白地矾红彩瓷等至少15个品种以外，还成功创烧出洒蓝釉、瓜皮绿釉、淡茄皮紫釉、天青釉、铁红釉、仿汝釉、仿哥釉、仿钧釉、鲜红釉描金、青花五彩、青花加矾红彩、青花加金彩、黄地青花、白地铁褐彩、白地黄彩、白地铁钴铜点彩等至少16个新品种。可谓品类丰富，洋洋大观。特别是永乐宣德时期的青花、甜白釉、鲜红釉瓷，被后人誉为"三大名品"。其青花瓷器造型繁多，胎体厚薄适度，胎质洁白，釉质莹润，青花发色浓艳，装饰题材丰富，画面布局疏密有致，文人气息浓郁，被推为明代青花瓷器之冠。实际上，明、清两代景德镇御窑厂所产瓷器品种中的绝大多数在宣德时期都已具备，由此可见宣德朝景德镇御器厂在中国陶瓷发展史上所占有的地位，堪称举足轻重。

上述说明，如果不对明代景德镇御器厂遗址进行考古发掘，仅凭文献记载和传世品根本无法作出这样的统计。

四 印证了文献中的一些明代叙事

长期以来，学者们在研究明代景德镇御窑瓷器时，有些问题由于没有实物资料印证，只能根据文献记载来说明，致使所作结论缺乏说服力。景德镇珠山明代御器厂遗址发掘出土的瓷器使文献记载中的不少问题得到印证，以下仅举两例。

1. 印证了关于明代宣德皇帝喜爱斗蟋蟀一事

沈德符（1578～1642年）撰《万历野获编》卷二四"技艺"条曰："我朝宣宗最娴此戏，曾密诏苏州知府况钟进千个。"[3] 蒲松龄（1640～1715年）撰《促织》曰："宣德间，宫中尚促织之戏，岁征民间。"[4] 既然宣德皇帝喜欢斗蟋蟀，那么按常理说，应该有大量实物印证此事，但传世宣德时期御窑蟋蟀罐极少，尤其是故宫博物院所藏清宫遗留瓷器中更无一件。虽然有学者根据文献记载，认为这很可能是因为宣德皇帝死后其母亲张太后"命将宫中一切玩好之物、不急之务悉皆罢去"[5] 所致，但毕竟缺乏物证。1993年景德镇珠山出土一大批宣德御窑蟋蟀罐（图一八），品种有青花、仿哥釉、仿汝釉、仿龙泉釉等[6]，其中青花蟋蟀罐的纹饰很丰富，计有海兽、瑞兽、螭龙、云龙、云凤、鹰、雁、汀州鸳鸯、汀州白鹭、汀州竹鸡、鸳鸯莲池、黄鹂白鹭、果树小鸟、缠枝牡丹、松竹梅、香瓜、癞瓜等，均画意清新、画面优美，且绝大多数蟋蟀罐的盖内和罐外底均署有青花楷体"大明宣德年制"款。这批蟋蟀罐的出土，印证了文献关于宣德皇帝喜欢斗蟋蟀的记载。

2. 印证了正统年间烧造青花白地龙缸一事

据《明史·志第五十八·食货六》记载：正统年间，"宫殿告竣，命造九龙九凤膳案诸器，既又造青龙白地花缸。王振以为有璺，遣锦衣卫指挥提督官、敕中官往都更造"。

这是说永乐十九年（1421年）春天，永乐皇帝刚刚完成迁都北京的浩大工程不久，一场大雨引发雷火，顷刻间将刚刚建好的紫禁城内奉天、谨身、华盖三大殿化为灰烬。三大殿是皇宫内的主体建筑，可想而知这一事件对朱棣的打击相当大。当时有大臣借题

图一八 明宣德青花蟋蟀罐
（1993年出土于景德镇珠山，2011年10月21日吕成龙摄于景德镇珠山龙珠阁）

图一九 明正统青花云龙纹缸残片
（1988 年出土于景德镇珠山，2007 年 9 月 14 日吕成龙摄于景德镇祥集上弄景德镇市陶瓷考古研究所）

图二〇 明正统青花云龙纹缸
（1988 年出土于景德镇珠山，景德镇市陶瓷考古研究所藏）

图二一 明正统青花云龙纹缸
（1988 年出土于景德镇珠山，北京大学塞克勒考古与艺术博物馆藏）

图二二 明永乐青花缠枝莲纹压手杯
（故宫博物院藏）

图二三 明宣德青花蓝查体梵文出戟盖罐
（故宫博物院藏）

发挥攻击迁都之事，朱棣大开杀戒才将事件平息。然而，朱棣感觉当时已没力量将造价昂贵的三大殿修复起来，所以从迁都北京的第二年春天开始，他只好到太和门上朝、办公，直到去世。

1988 年 1 月，景德镇市陶瓷考古研究所在珠山以西明御厂西墙外的东司岭发现一巷道，巷道中堆满了瓷片，在成化与宣德堆积层之间发现了正统堆积层，出土大量青花云龙纹大缸残片（图一九），有的可以复原，复原后可以发现这种大缸（图二〇、图二一）高 75 厘米，腹径 88 厘米。形体之大，绝无仅有。这种大缸即为上述记载的"青龙白地花缸"。出土如此多的龙缸残片，说明当时龙缸烧成难度非常之大。

五　期待景德镇珠山明、清御窑厂遗址有更多的考古发现

迄今为止，景德镇珠山明代御器厂遗址虽经过几次考古发掘，但都是为配合基本建设工程而进行的局部考古发掘，因此，尚不能全面反映明、清时期景德镇御器厂所烧造瓷器的情况。比如说，在传世和出土的明代永乐、宣德、成化御窑瓷器中，就有在御器厂遗址已发掘出土品中所不见者，如永乐青花缠枝莲纹压手杯（图二二）、宣德青花蓝查体梵文出戟法轮盖罐（图二三）、成化斗彩蔓草纹瓶等。这可能是因为当时根本就没有废品，但更大的可能是考古发掘的局限性所致。

本人认为，鉴于景德镇珠山明、清御器厂遗址在中国乃至世界陶瓷文化中所占据的独一无二的重要地位，一定要加大保护力度，而且完全有资格申报世界文化遗产加以保护和宣传，以使其荫及子孙后代。

注 释

1　（明）王世懋撰：《二酉委谭摘录》，辑入《丛书集成新编》第 88 册，台北新文丰出版公司，1986 年。书中曰："江西饶州府浮梁县，科第特盛。离县二十里许为景德镇，官窑设焉，天下窑器所聚，其民富甲于一省。余尝以分守督运至其地，万杵之声殷地，火光烛天，夜令人不能寝，戏目之曰'四时雷电镇'。民既富，子弟入学校，然为窑利夺，绝无登第者。"

2　刘新园：《景德镇珠山出土明初与永乐官窑瓷器之研究》，鸿禧美术馆编《景德镇出土明初官窑瓷器》，鸿禧艺术文教基金会，1996 年。

3　（明）沈德符撰：《万历野获编》，中华书局，1997 年。

4　（清）蒲松龄著，孙通海等译：《聊斋志异》，中华书局，2010 年。

5　（明）李贤撰：《古穰集》卷二八之"杂录"条，辑入《景印文渊阁四库全书》第 1244 册，台北商务印书馆，1987 年。

6　刘新园：《明宣德官窑蟋蟀罐》，台北艺术家出版社，1995 年。

Discussion on the Significance of the Excavation of the Ming Imperial Kiln Site at Jingdezhen

Lv Chenglong

Abstract

Jingdezhen is a world-renowned capital of porcelain. Since the second year of the Hongwu reign in the Ming dynasty when the imperial court established the imperial kiln for porcelain production at Zhushan at Jingdezhen, the imperial kiln had been in use until the Xuantong reign of the Qing dynasty. The imperial kiln was run by the local governors. When porcelains were demanded to be produced in large numbers, the emperor appointed supervisors for porcelain production in person. The most talented craftsmen worked in the imperial kiln, following the instructions and samples from the imperial court, using fine materials and producing the finest porcelains in large quantity. As porcelain firing was a complex process, every firing could lead to a certain amount of flawed or failed pieces. Firing of some complicated porcelains would only produce 10%-20% or 1%-2% of successful pieces. According to the archaeological excavation of the Ming imperial kiln site at Jingdezhen, from the Hongwu reign to the Jiajing reign, unsatisfying porcelains were smashed and then buried or placed together and covered with mud of various colors and garbage from porcelain firing. The selected porcelains were continuously transported to the imperial court. Some were damaged during the long journey. Therefore, based on the limited pieces of porcelain from collections of the Palace Museum in Beijing and Taipei, the Museum of Nanjing, and some private collectors, it is still impossible to obtain a full understanding of the production at the imperial kiln. Research based merely on the material remains is limited to a large extent. Therefore, researchers hold high expectation for the continuous excavation at the Ming imperial kiln site at Jingdezhen.

Since the 1970s, archaeologists have achieved greatly from the excavation at the Ming imperial kiln site at Zhushan at Jingdezhen. The excavated Ming kiln, workshop and relevant heritage reveal the plan of porcelain production at the Ming imperial kiln. At the same time, several tons of porcelain pieces and samples from the kiln were excavated and restored. The archaeological work has greatly improved the study on porcelains from the Ming imperial kiln.

Key Words

Jingdezhen, Imperial Kiln, Archaeological Excavation

明御窑厂遗址出土明初官窑釉上彩瓷

江建新

一 明洪武时期釉上彩

成书于洪武二十一年的曹昭《格古要论》"古饶器"条谓："元朝烧小足印花者，内有枢府字者高，新烧大足素者欠润，有青色及五色花者且俗甚。"[1]这里所谓"五色花者"目前有几种解释：有的认为是指红绿彩瓷；有的认为是指由釉上红、绿、黄、紫、褐、蓝诸色组合而成的彩瓷[2]。而关于具体的五色则又意见不一。不过，人们对"五色花者"指的就是釉上彩，看法却是一致的。既然有文献记载，也就必能有遗物传世了。

关于洪武时代的釉上彩瓷，传世与出土的遗物较为稀少，目前公认的有以下几例：

例一，红绿彩狮子纹玉壶春瓶（图一），该器颈肩部以矾红彩由上至下绘蕉叶纹、钱纹、如意纹一周，花纹边缘用绿彩填饰。腹部绘狮子绣球纹，隙地间饰杂宝，底部分别绘卷叶、莲瓣纹。其纹样以矾红勾描、绿彩填绘，与元代彩饰手法一致。该器造型短颈硕腹，为明初典型特征，与1994年珠山明御厂出土洪武玉壶春瓶残片相似；而颈部绘双筋蕉叶纹为洪武青花特有画法。其制品较为精细，当为洪武时代成熟的红绿彩瓷。

例二，日本学者藤冈了一《明代赤绘》一书刊明初红绿彩缠枝宝相花纹玉壶春瓶[3]，其造型和彩绘风格与上述牡丹狮子瓶相似，腹部所绘正、侧宝相花朵纹样与1994年珠山明御厂故址出土洪武釉里红缠枝宝相花纹大碗纹样极为相似。藤冈了一谨慎定为明初器，笔者以为可确定为洪武时代的产品。又，同书刊红绿彩一束莲玉壶春瓶，与上述宝相花瓶彩饰风格一致，亦当为同时代的制品。

例三，景德镇陶瓷馆藏有一块从明初窑址遗存中采集的红绿彩菊纹碗残片[4]。其花纹以矾红勾描花枝、花瓣，以绿彩拓抹出葫芦形叶片，彩饰手法完全继承元代风格。而其网状花心和扁圆形斜弧旋转状花瓣与常见的洪武青花、釉里红菊纹相同，因此，该器属洪武时代的制品。2003年景德镇明御窑厂遗址北麓考古发掘在明初地层出土一块洪武红绿彩云龙纹盘残片，该器以矾红绘五爪龙纹，以黄、绿彩饰云纹，其龙纹与南京明故宫出土矾红彩龙纹盘纹饰相同。2012年在景德镇市区北部的木材厂一带基建工地，出土一批元代至明早中期的窑业堆积遗物，其中有一件红绿彩小碗残器，器内心绘红绿彩折枝菊纹，内壁残留部位有矾红书"命"字，外壁绘缠枝菊纹，从器物圈足制作工艺看有明初特征，从画风看有元末明初风格（图二）。

例四，1995年笔者在南京一古陶瓷爱好者邢某处，见到一件红绿彩舞蹈人物纹高足杯残器，纹饰以矾红勾描人物头部五官、发髻，以绿彩填绘袄裙。据邢某介绍该器出土于南京一建筑工地，同一地层还出土有青花舞蹈人物纹高足杯，二器造型、胎釉和彩绘的人物风格相同，为同一时代的制品。上述二器与1990年8月珠山明御厂东南麓洪武地层出土的一组青花舞蹈人物纹高足杯一致[5]，由此得知南京出土红绿彩舞蹈人物纹高足杯为洪武时期的产品。

例五，1964年南京明故宫出土一件洪武白釉矾红彩云龙纹盘残器（图三），据报道："盘壁表里各画五爪红龙两条及云彩两朵。灯光透映，两面花纹叠合为一。"该器上的龙纹、"品"字折带云与1988年明御厂故址出土洪武红釉侈口碗上的云龙纹相同。由于该器龙纹为双角五爪，同时又出土于明故宫，所以该盘当为洪武官窑烧造的专供帝王使用的瓷器。

图一　明洪武红绿彩牡丹狮子纹玉壶春瓶
（日本东京国立博物馆藏）

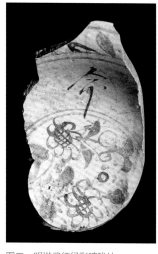

图二　明洪武红绿彩碗残片
（景德镇市郊北木材厂基建工地出土）

从上例一、二、三、四来看，其彩饰手法均与元代相同，是元代红绿彩技术的延续，其玉壶春瓶则比元代红绿彩瓷彩画更为精细，说明洪武时期红绿彩的彩饰技术已相当娴熟。例五的釉上矾红彩，其技术直接源于宋定窑釉上红彩。在白瓷上单一用红彩装饰，为景德镇元至明初罕见的制品，而首先出现于官窑，其意义尤为重大，因为釉上彩技术引进洪武官窑，促进了我国釉上彩技术的发展，使永乐官窑得以将此类技术进一步完善和发挥，更使宣德官窑得以在此基础上创制出崭新的品种——斗彩，把中国釉上彩技术推向一个新阶段。

前引《格古要论》使我们知道，明初人有釉上彩（五色花者）"俗甚"的观念，然而，釉上矾红彩却为什么还被引进了官窑呢？这岂不是与"俗甚"的观念相抵牾吗？不过，只要清楚了以下史实的话，这一疑问便会迎刃而解。

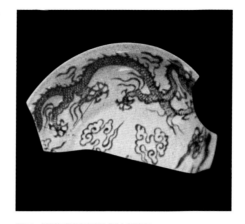

图三　明洪武矾红彩云龙纹盘残片
（南京明故宫出土）

众所周知，朱元璋依靠头裹红巾手擎鲜红大旗的子弟兵[6]（红军）推翻了元政权，国初，规定军中将士所穿战袄战裙和战旗皆用红色，头戴阔檐红皮壮帽。《明史·舆服志》洪武三年礼部奏请确定公服朝服谓："历代异尚，夏黑，商白，周赤，秦黑，汉赤，唐服饰黄、旗帜赤，今国家承元之后，取法周汉唐宋服色所尚于赤为宜，从之。"[7]"尚于赤"是明初社会的时尚，鲜艳的红彩引进官窑，并直接装饰宫廷用瓷，似与当时"国俗尚红"的时尚密切相关。同时官窑直接选用矾红彩，则可能是由于当时工艺方面的原因。

洪武时期烧造了大量釉里红瓷器（据统计其数量超过青花瓷），从传世品与出土资料来看，釉里红颜色普遍偏灰，几乎难于见到纯正的红色，这是因为釉里红烧成技术难度较大。我们知道，釉里红的着色元素铜正常显色不仅与铜的含量和基础釉的成分有关，而且对窑室温度和气氛（还原过程中的窑室一氧化碳含量等）变化也十分敏感，稍有变化，就会导致色调不正。洪武官窑选用呈色稳定、烧成较为容易的釉上矾红作为贡瓷，可能就是出于这种考虑。而这类鲜艳纯正的矾红也许更符合朱元璋这位"红军大帅"的审美要求。

二　明永乐官窑对釉上彩技术的发展

永乐官窑釉上彩瓷，过去人们未见有实物传世。20世纪八九十年代，景德镇陶瓷考古研究所在珠山明御厂故址一带进行十余次清理发掘，获得大量明官窑遗物，其中发现不少鲜为人知的永乐官窑釉上彩遗物，兹举例简介如下：

矾红云凤纹碗。1984年出土于珠山中华路永乐后期地层，高7.3厘米，口径13.2厘米，足径7.5厘米。外壁以单一矾红绘一展翅云凤纹，底部矾红绘变形莲瓣一周。与该碗一道出土的，还有矾红绘云龙纹直口碗。此类矾红碗当是继洪武矾红盘之后续作品，风格也一如洪武器，是永乐官窑专为帝王或皇妃们烧造的瓷器，宣德官窑继续烧造，为以后历代官窑特有品种。

绿彩灵芝竹叶纹器托（图四）。该器1994年出土于珠山御厂故址龙缸弄一带明初地层，高8.5厘米，口径25厘米，足径16.5厘米。折沿上绘折枝小朵花一周，外壁绘灵芝竹叶纹，底部绘变形莲瓣一周。灵芝竹叶纹为元代刺绣纹样，洪武青花大盘绘有此类纹样。该器纹样当取自于洪武青花。该纹样采用单一绿彩拓抹，其颜色浅淡，有一层玻璃质状，透明感强，这是颜料中渗入卵石粉（氧化硅）的缘故。渗入卵石粉的颜料彩画时呈流质状，易流淌，不易描出细线（矾红不加卵石粉，故颜料细腻如墨，易画出极细线条），所以该器上的纹饰线条粗疏，无深浅对比，构图缺乏层次而略显紊乱。该类绿彩可能是永乐官窑工匠运用釉上彩技术的试验之作，不见有传世品，以后的官窑制品中亦未见有单一绿彩装饰的瓷器。同时出土的还有一绿彩渣斗，可知该器为渣斗之托。

图四　明永乐绿彩灵芝竹叶纹器托
（景德镇市陶瓷考古研究所藏）

图五　明永乐绿地酱彩龙纹碗
（景德镇市陶瓷考古研究所藏）

图六　明永乐锥花红地绿龙纹盘
（景德镇市陶瓷考古研究所）

图七　明永乐金彩花口折沿盘
（景德镇市陶瓷考古研究所藏）

1999 年夏，在珠山明御厂故址西侧东司岭一带永乐地层出土一些绘黄彩龙纹的高足碗残片。

绿地酱彩龙纹碗（图五）。1984 年出土于珠山明清御窑厂遗址中华路永乐后期地层，高 5.4 厘米，口径 10.2 厘米，足径 4.3 厘米。外壁绘酱彩赶珠龙纹两条及变形莲瓣一周，高温烧成后在外壁露白处填以绿彩料经低温（约 700℃ ～ 800℃）烤烧而成。这种集高、低温彩饰于一器的装饰方法，首见于金代磁州窑红绿彩枕与人物瓷雕，磁州窑以高温黑彩绘人物眉眼、发髻及器物边框之类，永乐则是用高温酱彩直接绘出纹饰，再在纹饰的隙地填色，其彩饰方法比磁州窑已大有改变，开启了宣德青花填黄、填红（矾红）装饰的先河。

锥花红地绿龙纹盘（图六）。1984 年出土于明御厂故址永乐后期地层，高 3.9 厘米，口径 14.8 厘米，足径 8.8 厘米。外壁锥刻云龙纹，经高温烧成后，在锥刻的纹饰线内填绿彩，隙地则填矾红，再经低温烤烧而成。在锥刻纹上填色是永乐官窑的首创，它对宣德斗彩采用锥线上填釉上诸色以及后来采用青花描线的廓填方法有重要启示。

金彩缠枝花卉纹钵。1994 年出土于明御厂故址东门头，高 13.8 厘米，口径 24.5 厘米，腹径 25.8 厘米。外壁饰金彩缠枝宝相花纹。

金彩花口折沿盘（图七）。与上述金彩钵出土于同一地层，高 6 厘米，口径 36 厘米，足径 20 厘米。内折沿饰金彩缠枝莲纹一周，内壁饰折枝花卉纹一周，盘心饰六出开光缠枝莲纹。外壁饰金彩折枝花卉纹。与该器同时出土的还有大小各异的金彩碗。上述金彩器图案不是描画成的，而是用黄金箔贴出，金彩脱落处留有粘金彩花纹的痕迹，其金彩做法似来源元代贴金技术，具体方法和粘贴物尚待研究。

从以上诸例可知：永乐官窑不仅继承了洪武官窑釉上彩技术，而且还进行了大胆尝试和创新。从工艺角度看，永乐高温酱彩填低温绿彩的技法给青花填黄、填红以重要启示；而釉上锥刻花纹、釉上廓填颜料的技法，似为"斗彩"的雏形，毫无疑问，宣德斗彩正是在此基础上发展而来的。

以上是官窑情况，这时期的民窑似乎还是延续着元红绿彩一路。1981 年景德镇落马桥永乐后期窑址堆积层中出土一块绿彩高足杯残片[8]，该器以矾红描画花枝、绿彩拓抹花叶的画风与元代红绿彩高足杯一致，但在构图上前者较为呆板，纹样间水路空白处琐碎而缺乏变化。这也是明初青花纹饰构图的时代特征之一，该器显然可视之为明初民窑红绿彩标准器。

三　明宣德官窑釉上彩及其创新

从传存与出土的遗物来看，宣德官窑釉上彩瓷烧造量比前代增多，品种也大为丰富，根据遗物彩饰工艺特征似可分为以下四类。

（一）单一釉上彩

1. 矾红彩

矾红龙纹高足碗。1993 年出土于珠山明御厂东门一带，高 10.6 厘米，口径 15.5 厘米，足径 4.5 厘米。外壁绘矾红赶珠龙两条，足下部饰矾红卷草一周，里心书矾红"大明宣德年制"六字双圈款。该器矾红描画龙纹细腻，浓红绘出纹样线条，尔后用淡红敷涂，这是以往矾红彩饰罕见的，其矾红比前代矾红色彩鲜艳。笔者曾用 30 倍放大镜观察宣德砚红和永乐矾红附着在釉面上的情况，发现前者比后者颗粒匀而细腻。据笔者访问景德镇艺人告知，矾红料研磨得愈细发色愈鲜艳，可见宣德官窑对釉上颜料制作是非常精细的。

2. 黄彩

实物有黄彩花卉纹盘残片（**图八**）。该器 1993 年出土于珠山明御厂故址宣德地层，残片 9.2 厘米，内外口沿饰黄彩一圈，内外壁均涂黄彩缠枝花卉。这种单一彩首见于永乐，为宣德官窑继承，成化官窑烧造的黄彩龙纹小杯（口径 6.1 厘米）彩画已极为精细[9]，明嘉、万以后较流行。

图八　明宣德黄彩花卉纹盘残片
（景德镇市考古研究所藏）

（二）青花填（绘）红、青花填黄彩

1. 青花填红彩

青花海水矾红海兽纹高足碗（**图九**）。该器外壁青花绘海水，留白处以矾红绘出海兽。美国克利夫兰艺术馆藏青花矾红高足碗，与该器纹饰相同[10]，但颜色相反，即青花绘海兽，矾红绘海水；台北故宫博物院藏青花矾红海兽纹高足碗与该器一致。

青花矾红花卉纹高足杯。台北故宫博物院藏。高 8.9 厘米，口径 9.8 厘米，足径 4.5 厘米。内壁口沿青花菱格内绘矾红十字纹，三角纹内点饰矾红。内壁矾红绘缠枝卷草纹一周。外壁绘青花卷草纹加饰红花，底边上画仰莲瓣一周，并加红彩。1984 年珠山明御厂故址出土一件与该器相同的半成品。

青花矾红云龙纹盖碗（**图一〇**）。高 7.3 厘米，口径 17.4 厘米，足径 9.7 厘米。外壁及盖面以矾红绘龙纹。龙纹先划线，青花点睛。

青花矾红花卉纹花盆（**图一一**）。1988 年出土于明御厂故址宣德地层，高 22.7 厘米，口径 43.3 厘米，足径 23.4 厘米。外壁以青花涂地，留白处填矾红。腹部分隔出八处填绘折枝牡、茶、石榴等花卉。

青花矾红宝相花纹花盆。与上器同时出土，高 20.3 厘米，口径 40 厘米，足径 26.3 厘米。外壁八面以青花为地，留白处以矾红绘宝相花纹。

图一〇　明宣德青花矾红云龙纹盖碗
（台北故宫博物院藏）

图一一　明宣德青花填红花盆
（景德镇市考古研究所藏）

2. 青花填黄彩

黄地青花牡丹纹盘（**图一二**）。1984 年出土于明御厂故址宣德地层，高 5.5 厘米，口径 38.8 厘米，足径 28.1 厘米。内外壁绘瑞果花卉纹，隙地满填黄彩。

黄地青花萱草纹盘。1983 年出土于明御厂故址，高 6.2 厘米，口径 35.4 厘米，足径 24.8 厘米。盘心青花绘萱草一束，内壁绘卷草，隙地满填黄彩，外壁青花绘折枝花，里心绘牡丹纹，隙地填黄彩。

黄地青花葡萄纹盘。1993 年出土于明御厂故址，高 7.5 厘米，口径 48.4 厘米，足径 35 厘米。盘心青花绘折枝葡萄，内壁饰折枝花卉，外壁青花绘六朵折枝灵芝，内外壁隙地上均填黄彩。

图一二　明宣德黄地青花牡丹纹盘
（景德镇市考古研究所藏）

上述青花填（绘）红、填黄器，其制作工艺过程是先在坯胎上用青花描绘纹饰（或预留空白），挂白釉后经高温烧成，再在成品瓷釉上空白处填（绘）矾红或黄彩料，然后入红炉经 700℃～800℃烤烧而成。青花留白处绘矾红（如青花填红花口钵）显然是吸取磁州窑红绿彩在高温黑彩框内（如磁州窑瓷枕与罐）绘彩的技法；而青花填黄显然是由永乐高温酱彩填绿技法直接演变而来。

（三）金彩

传世品有台北故宫博物院藏红釉金彩双龙赶珠纹碗（高 8 厘米，口径 19.2 厘米，足径 8.1 厘米）和祭红金彩双龙赶珠纹高足碗（高 10.4 厘米，口径 15.3 厘米，足径 4.4 厘米）。1994 年明御厂故址宣德地层出土一块青花贴金小碗残片，其小片金箔是贴在青花网格状纹饰内。以上金彩均剥脱较严重，在剥脱的釉面上留有贴金痕迹，说明其金饰工艺沿用永乐贴金技法。

图一三　明宣德斗彩鸳鸯莲池纹碗
（西藏萨迦寺藏）

（四）斗彩

有关宣德斗彩的文献记录有：

明高濂《遵生八笺·燕闲清赏笺上·论饶器新窑》"古窑条"谓："宣德年造……如漏空花纹，填以五色，华若云锦。有以五彩实填花纹，绚艳恍目……宣德五彩，深厚堆垛，故不甚佳。而成窑五彩，用色浅淡，颇有画意。"[11]

明王士性《广志绎》卷四谓："本朝以宣、成二窑为佳，宣窑以青花胜，成窑以五彩。宣窑之青，真苏渤泥青也，成窑时皆用尽，故成不及宣。宣窑五彩堆填深厚，而成窑用色浅淡，颇有画意，故宣不及成。然二窑皆当时殿中院人遣画也。"[12]

明沈德符《敝帚斋剩语》谓："本朝窑器，用白地青花，间装五色，为古今之冠，如窑品最贵，近日又重成窑，出宣窑之上。"[13]

可见，明人将宣德斗彩称为五彩或"青花间装五色"，其称谓与《格古要论》中所谓"五色花"者有关联。不过，明人的称谓似不及清人准确，如清佚名《南窑笔记》中，将成化至万历间釉上彩分为斗彩、五彩、填彩三种，即："先于坯上用青料画花鸟半体复入彩料凑其全体名曰斗彩；填者，青料双钩花鸟人物之类于坯胎成后复入彩炉填入五色名曰填彩；其五彩，则素瓷用彩料画填出者是也。"[14] 如果联系实物对照以上记载，发现该书对明代釉上彩的分类与界定确切。所谓"青料画花鸟半体复入彩料凑其全体"与宣德斗彩鸳鸯莲池纹吻合。而"斗"者，景德镇方言有"凑、拼"之意（如斗架子、斗图案），宣德斗彩正是由釉下（蓝）青花与釉上诸色"斗"成的图案，所以笔者以为称宣德斗彩较为合适。

宣德斗彩虽有文献记载，但过去因未见有实物，人们曾有怀疑。1984 年，我国摄影记者王露在西藏萨迦寺拍摄到一件宣德款斗彩鸳鸯莲池纹碗（图一三），胡昭静曾撰文介绍[15]，近知该寺还收藏一件宣德款斗彩鸳鸯莲池纹高足杯，1985 年，景德镇陶瓷考古研究所在明御厂故址前院宣德地层发现斗彩鸳鸯莲池纹碗残器（未填彩的半成品），1988 年，又在明御厂西墙一巷道中的宣德地层发现两件斗彩鸳鸯莲池纹盘，人们根据以上遗物，始认识了宣德斗彩[16]。

目前所知的宣德斗彩只有萨迦寺藏斗彩碗、高足杯与景德镇出土斗彩盘，共计三种，其遗物纹饰、彩画风格均相同，似出自同一工匠之手。宣德斗彩鸳鸯莲池纹盘，高 4.6 厘米，口径 21.5 厘米，足径 13.3 厘米。撇口，弧壁，圈足微敛。里心中央有矾红绘的三朵夸张的莲花占据主要空间，花下以绿彩绘三组荷叶衬托，上下空间各绘一只飞翔的鸳鸯，这类构图源于元青花鸳鸯莲池纹，但又有所不同：元代的鸳鸯均游嬉戏于水中，而宣德的则飞翔于空中。这类斗彩纹样正统、成化官窑均有摹仿，正统纹样的鸳鸯在水中，而成化纹样完全临摹宣德，可见宣德斗彩对后世的影响是很大的。

仔细观察宣德斗彩便会发现，其色彩看似丰富，实则仅比以往的釉上彩颜色多蓝（青花）、紫二色，如用色最丰富的鸳鸯纹，其头、翅用青花绘出，身上羽毛用红、紫、黄诸色合绘而成。用釉下青花在图案中充当蓝色，这是宣德工匠巧妙的运用。而紫色则为宣德工匠的发明。据明嘉靖王宗沐《陶书》记载："紫色，用黑铅末一斤、石子青一两、石末六两合成。"[17] 石子青即青料，可见我国在明嘉靖以前的紫色主要用青花钴料配制而成，紫是随青花之后出现的。如果我们把宣德紫与成化紫作一对比观察，便能看出：宣德紫不透明（宣德紫可能未渗入石末粉，故不透明），成化紫透明（可能渗入石末粉）；宣德紫仅一种色调，而成化紫有两种色阶，即茄花紫和丁香紫。因此宣德紫看起来就比成化紫色调显得沉暗凝重。难怪明人有"宣窑五彩，堆填深厚，而成窑用色浅淡"之评语。

综上，我们认识到，有了釉上紫色，才有宣德斗彩，才有后来成熟的成化斗彩。宣德斗彩出现以前，釉上彩主要为金磁州窑红绿彩技术烧造的品种，永乐官窑虽有一些创新技法，但没有突破，而宣德斗彩则是一种全新的品种，它的烧造成功标志着釉上彩技术的成熟，示意中国将进入彩瓷时代。

注　释

1　（明）曹昭《格古要论》卷七《古饶器》，《景印文渊阁四库全书》，总第 81 册，第 200 页。

2　耿宝昌：《再谈元代"五色花戗金"瓷》，《中国文物报》1994 年 8 月 28 日。

3　[日] 藤冈了一：《明代赤绘》，《陶瓷大系》第 43 卷，图 50。

4　曹淦源：《"至正制"款彩瓷碗与嘉靖红绿彩瓷》，《文物》1994 年第 8 期。

5　香港大学冯平山博物馆：《景德镇出土陶瓷》图版 279 ～ 288，1992 年。

6　吴晗：《朱元璋传》第 22 页，人民出版社，1995 年。

7　（清）张廷玉等撰：《明史·舆服志三》，第 1634 页，中华书局，1974 年。

8　香港大学冯平山博物馆：《景德镇出土陶瓷》图版 289，1992 年。

9　香港徐氏艺术馆：《成窑遗珍》图版 C84，1993 年。

10　[英] 莱昂·戈德施米特：《明代陶瓷》第 97 页，图版 63。

11　（明）高濂：《遵生八笺》第 536 页，巴蜀书社，1992 年。

12　（明）王士性：《广志绎》第 20 页，台北广文书局，1970 年。

13　（明）沈德符：《敝帚斋剩语》第 20 页，台北广文书局，1970 年。

14　（清）佚名：《南窑笔记》彩色条，第 2044 页，影印《美术丛书本》，江苏古籍出版社，1986 年。

15　胡昭静：《萨迦寺藏明宣德御窑青花五彩碗》，《文物》1985 年第 11 期。

16　东京国立博物馆：《特别展·中国的陶磁》图版 89，平成六年版。

17　（明）王宗沐：《江西大志·陶书》颜色条，嘉靖三十五年刻本。

The Overglaze Porcelain Excavated from the Early Ming Imperial Kiln Site at Jingdezhen

Jiang Jianxin

Abstract

This article is a preliminary study of the overglaze porcelain of Hongwu, Yongle and Xuande of Ming dynasty based on the transmitted relics, archaeological materials and relevant texts. It was during the Hongwu period that the red overglaze was firstly introduced to the imperial kiln, which was possibly due to the appreciation of red in the early Ming society and the Hongwu emperor's personal aesthetic view. The technique of filling the high temperature brown glaze with the low temperature green glaze, and the technique of filling the carvings under the glaze with colored glaze at the Yongle imperial kiln paved the way for the production of the Xuande overglaze with the technique condition. The success of the production of the Xuande overglaze marked the beginning of the period of the colored porcelain in China.

Key Words

Jingdezhen, Overglaze, Porcelain

对景德镇御窑旧址考古遗存之审视

王光尧

御窑在明代称御器厂，至清代改称御窑厂，五百多年间一直是宫廷用瓷器最主要的生产基地。清人文献载御窑厂后部有阜，并名之为珠山[1]。但珠山并非真正意义上的山，而是位于景德镇市中心御窑遗址范围内一个由窑业垃圾堆积成的小丘[2]，海拔 46 米、绝对高程 6 米[3]。自乾隆时期以来，文献述及景德镇御窑厂者皆以珠山为据，珠山开始成为御窑厂的基点坐标[4]；今人有称"珠山虽矮却是世界瓷器生产的顶巅"[5]，从陶瓷发展史出发赋予了珠山无上的地位。历年来对御窑遗址的考古发掘成果为细察珠山提供了一些线索；对珠山出土资料的解读，更是引发了对于明清两代皇家瓷厂新的理解。本文谨在学界已有研究成果基础之上，进一步审视景德镇御窑遗址的考古遗存。

一 珠山之成山

珠山名显于世，约始自清代乾隆时期文献对御窑厂的记载，这说明珠山在不晚于清前期已经耸立于窑厂内了。至乾隆时期，在珠山上增建御碑亭等建筑，从此珠山成为御窑厂的固有标志。当时人认为洪武二年始设窑厂时已有珠山，然而考古资料却证实洪武时期并无珠山。那么，并非真山的珠山是何时又是如何形成的呢？对此虽然文献缺载，但从 20 世纪 80 年代开始的考古发掘，为我们提供了解读珠山形成时间与形成过程的线索。

20 世纪 70 年代，在珠山东北部修建原公安局宿舍时发现了成化时期的御用瓷器碎片，明清御窑遗址开始受到学术界关注。至 20 世纪 80 年代初，为配合景德镇市修复龙珠阁工程，由余家栋先生主持，江西省博物馆对龙珠阁遗址进行的考古发掘，开启了学术界对景德镇明清御窑遗址的科学发掘与考古学研究。此次考古发掘不仅清理出了始建年代不早于光绪时期的龙珠阁基址、建于乾隆时期的御碑亭遗址，还揭示出了从晚清上溯至明代嘉靖、万历时期御窑遗址的瓷片堆积层即文化层位，建立了文化发展序列。发掘结果显示御碑亭遗址在龙珠阁基内北面（T1）距地表约 4 米深处；在龙珠阁基内南面距地表 6 米处还发现了用青砖砌成的墙基遗存[6]。

2002 ~ 2004 年，北京大学考古文博学院、江西省文物考古研究所、景德镇市陶瓷考古研究所对景德镇御窑遗址进行了考古发掘。此次发掘从考古学上构建了明代早中期御器厂遗存的文化层及层位关系[7]。发掘地点分别位于珠山北部和西南部。对珠山北部的发掘除发现了一组坐东向西的明初葫芦形窑炉外，还发现了两组废弃的院墙，同时在与窑前工作面同水平的地面发现了诸多永乐时期的瓷片埋藏坑。在永乐时期的层位之上，是直接叠压在窑炉上或堆积在院墙墙根的宣德时期窑业垃圾，以及宣德时期的落选御用瓷碎片堆。又叠压于这一层位之上的，依次是成化、弘治时期窑业垃圾的坡状堆积层；其上则是正德、嘉靖时期的窑业垃圾堆积层，这一时期的堆积也呈现坡状放射形特点。

2014 年秋，为配合景德镇御窑遗址保护展示厅的建设，景德镇市陶瓷考古研究所根据工程需要对珠山北部进行了抢救性发掘。此次发掘地点更靠近珠山中心，与 2002 ~ 2004 年度的发掘地点对比，向南拓展约 5 米。除已知最晚为嘉靖时期的地层外，依出土文物判断，本次发掘还揭示出了由晚到早依次为正德时期、弘治时期、成化时期、成化至宣德时期以及宣德时期的地层。同时，在 2002 ~ 2004 年度发现的东西走向、靠近彭家上弄的院墙外，也发现了与在该墙南边发现类同的永乐时期瓷片堆积坑 [8]。这说明当年埋藏这些瓷片坑时，并没有考古发现的这道东西向的院墙，进而说明了这道东西向院墙的建造时代最早也当为永乐时期，并在永乐时期的瓷片埋藏坑形成之后。而这道墙的东部，与成组的窑炉（Y1）北面护壁的一道墙交叉相接，并叠压在后者之上，且两道墙的方向也不一，又说明与窑炉相关的墙的时代要早于这道东西向的墙。2014 年秋，由江西省文物考古研究所、景德镇市陶瓷考古研究所、北京大学考古文博学院、故宫博物院联合在珠山南部进行的考古发掘，发现了明代中晚期的作坊和彩炉遗迹、彩料以及正德时期的釉上彩盘半成品 [9]。

如此，经过数次科学发掘，基本构建了已发掘区域内珠山文化堆积层的时序：自下而上即由早及晚依次是永乐时期的窑炉群及作坊、永乐时期的瓷片埋藏坑、宣德时期的瓷片堆积堆和窑业垃圾层、空白期地层与瓷片堆积、成化时期包括碎瓷片的窑业垃圾层、弘治时期包括碎瓷片的窑业垃圾层、正德时期包括碎瓷片的窑业垃圾层、嘉靖时期包括碎瓷片的窑业垃圾层，再晚即万历时期的地层堆积以及清代从顺治直到光绪各时期的窑业垃圾层。最早的明代文化层为永乐时期窑炉、作坊等，至于窑业垃圾堆积则始于宣德时期，此后随着御窑烧造和窑业垃圾的出现，日复一日地重复着堆造珠山的运动，直至晚清御窑停烧。

就各时期堆积层的表现状态看，永乐时期的堆积首先是成组的窑炉和相关的院墙等建筑遗址，炉壁与墙残存均不高，其次是在平地上挖出小坑用以埋藏集中打碎的瓷片。至宣德时期，集中打碎的瓷片则直接倒在早期的墙根或窑业垃圾堆积形成的小沟中，并开始形成高于地面的堆积层。成化时期及以后的堆积倾斜状已非常明显，说明珠山的雏形最早在不晚于成化时期已经出现。到清初已经成山，乾隆八年唐英修建御碑亭时的珠山仍比现在的珠山矮 4 米。另，从余家栋先生的发掘看，"阁基内南端 T2 探方揭至深 7.22 米，以北壁剖面为例，可分为五层" [10]，对比出土瓷器可知这五层均形成于嘉靖以后。如果近三十年内珠山绝对高程变化造成的误差不大，或者说可以不考虑这个误差，再若将龙珠阁所在地定为珠山的中心，把余家栋先生的发掘与 2002 ~ 2004 年度的发掘所见地层对照，就会发现珠山的形成过程并不是以其中心为基准点平行上堆，反而是最北部的堆积形成时间更早。再考虑到珠山北部弘治、成化以前的堆积层呈现着南高北低、东高西低的双重斜坡状，说明了早期堆积形成之初主要集中在珠山北部偏东的地方。将这样的推测与考古发现的明代永乐时期的窑炉相关联，或可推知其形成原因：窑炉位于珠山东北部、坐东面西，窑尾高于窑门、与窑前工作面相连，总体表现为东高西低的地势。这说明堆积的形成是在该组窑炉废弃之后，根据原有地形地势而为。

二　御器厂格局的变化与珠山的出现

从现有考古证据看，在明初珠山并不存在。从宣德时期成山运动开始，直至最终形成我们所看到的珠山，这一过程当与御器厂内部的格局变化及不同地点的功用改变有关。根据几次考古发掘以及配合景德镇市政工程进行的多次清理工作，通过观察所见各类遗迹及大量御窑瓷器的出土地点，基本明确了这些瓷器埋藏坑和各种遗迹在御窑遗址范围内的分布规律，借此可以约略构建出明代御器厂内部建设和前后变化的情况。

根据已有发掘资料可知，洪武时期的落选品埋藏坑在珠山东南即今东门头区域，这里在明清两代都是御器（窑）厂的东辕门，因此从明初到清末此处一直是平地。但是洪武时期的窑炉在何处，至今尚未能从考古发现中找到任何线索。由于永乐以前并没有珠山，所以《景德镇陶录》等书所载"洪武二年就镇之珠山设御窑厂"便值得重新思考。

永乐时期的瓷器和窑炉、作坊等遗迹主要分布在珠山东北部，已发现有一组窑炉、窑前工作面、院墙等，且在与窑前工作面等水平且同层位的地面有永乐时期的瓷片埋藏坑，表明这里在永乐时期是生产重地。从叠压在永乐窑炉之上的堆积中出土有"宣德年制"款红釉碗、仿哥釉罐等及叠压在永乐时期作坊墙体之上的堆积中出土的"宣德年制"

款白瓷爵祭器来看，此处堆积的出现时间最早也在洪熙元年九月以后，则这组永乐时期的窑炉废弃时间当早于洪熙元年九月。而对永乐时期窑炉断面的研究发现，它们是直接建立在元代的地层上的，这至少可以说明直到永乐时期，窑场内窑业垃圾并没有形成能影响建筑和规划格局的堆积。因此，始自洪熙元年九月的这次垃圾堆积，应当是珠山成山运动的开始。除珠山东北部外，历年发现的其他几处永乐时期御用瓷片的埋藏地点，均在御窑遗址南端，这些地点和宣德时期的遗存一样环窑厂分布，可能堆积在当时的窑厂院墙内不影响生产处。如果依照这种埋藏地点的分布情况反推当时御窑处理落选品埋藏地的管理体制，则在东门头所见的洪武时期瓷片埋藏地点也同样适于这一规律。

对珠山西南部景德镇市委食堂区的发掘，发现了相互叠压的明代早期以及中晚期的葫芦形窑炉和馒头形窑炉，说明从明代早期到晚期这里一直是御窑生产烧造区。从发掘细部看，在该处的葫芦形窑炉北壁护窑墙和西院墙相交处发现了大量宣德时期大龙缸碎片的集中堆积，而这处堆积又处在馒头窑的后墙即明代晚期的窑厂西墙之外，说明宣德以后此处的院墙略向内收缩。同时，从该发掘区的地层关系看，虽然在不同时期的窑炉形态不同、规模也各异，但持续不断的生产一直存在，尤其是葫芦形窑炉的修改重砌层位关系非常明显，或许正反映着《江西大志》所载的御器厂窑炉改砌的历史。

至于烘烤釉上彩的红炉所在，考古发掘所提供的线索相对模糊：据报道 20 世纪 80 年代初在今御窑厂大门外珠山中路附近发现宣德时期的彩炉；2014 年的发掘在珠山正南约与东门头相对处又发现有正德时期的釉上彩生产遗迹。考虑到釉上彩生产的特殊性——属于对成品的二次加工，和初次烧造的窑炉相比，红炉当在更接近库房处。同时，明代的红炉形态或如《陶冶图》所示砖砌烤架、或类似后来的暗炉[11]，均较易砌建且规模较小，而且这种作坊一般都在室内或院内，因此它们的位置所在对于窑厂的大格局并没有影响，或者说御器厂的管理者在厂署整体规划中并不需要考虑红炉的位置。

御窑厂内有两口井，珠山北部的井早已被窑业垃圾掩埋，虽然在 2002 年又被考古发现，但其最早废弃时期尚不能明确。不过，随着珠山东北部生产区的废弃和珠山成山运动的开始，该井即便仍存，也已和御窑生产没有大的关系。御器厂大门内的井是御窑旧有元素中唯一保存至今的旧迹，当一直使用。至于这口井没有被废弃的原因，可能与它位于窑厂南部和作坊区相近有关；另一个主要原因是从明代晚期开始御窑烧造虽主要采用官搭民烧的模式，但窑厂内各作和管理人员依旧，其活动区域也在珠山以南。

正因为宣德以后的瓷器烧造窑炉都在珠山西南部，而且釉上彩瓷器也在珠山以南各处烘烤，所以在洪熙元年九月以前已经废弃的、分布在珠山东北部地区的永乐时期窑炉群所在地自然而然成为窑业垃圾堆积区，宣德时期以后各期御窑生产时落选器、残器和大量窑业垃圾也相继在此处堆积。

需要特别指出的是，窑厂内部格局的变化和窑业垃圾的堆积形成了珠山，而非珠山的出现导致了窑厂内部格局的变化。

三 从考古发掘资料看御窑

对御窑遗址的考古发掘，除获取了大量的御用瓷器珍品外，发掘揭示的层位关系与遗迹现象，更如同一部无阙的实录，以其不可替代的真实属性为我们展现了御窑的诸多神秘面。

首先，是御窑生产窑业垃圾堆积地点的问题。景德镇御窑在明清两代的大部分时间内，除了作为御窑瓷器生产基地外，更主要的是管理生产御用瓷器的官府衙门，可以说是宫廷或内务府的派出机构，其显赫的地位是不言而喻的。在这样一个官府衙门内，何以允许生产垃圾存在并堆积成山，这一直让笔者费解。同样的窑业垃圾堆在景德镇也并非仅此一处[12]。虽然也有不同的窑业垃圾处理方式，比如窑场生产垃圾直接向昌江倾倒[13]。但总体看来，在厂区、作坊区内集中堆放窑业垃圾，在当时并不邻江的作坊区似乎是常例，御器厂也不例外。当然，御窑生产窑业垃圾直接堆积在厂区内部，或许更多是出于对官样瓷器垄断的考虑。

其次，是找到了皇室对官样瓷器垄断的考古证据。考古发现证实，明代对官样瓷器的垄断造成在弘治、成化时期以前对御用瓷器落选品与残次品实行集中处理：或如洪武、永乐时期打碎后成坑掩埋，或如宣德时期倾倒于墙根、小沟处，或如成化、弘治时期打碎后随窑业垃圾倒掉。不管采用哪种方式，宫廷对官样瓷器的垄断决定了这些瓷器即便已是碎片也不能流出御器厂进入社会，所以就有了御窑厂区内各时期的落选品瓷器碎片坑，以及珠山北部发掘区明代弘治以前窑业垃圾及瓷器碎片堆积。至于掩埋瓷器碎片的埋藏坑，从洪武至宣德时期均环布在窑厂区域周边不影响生产处。但是，自嘉靖时期开始，御用瓷器生产采用官搭民烧的生产模式，导致御器厂本身生产规模缩小，同时也造成官府对落选御用瓷器的失控。考古发掘证实，在观音阁等民窑场有"大明嘉靖年制"款官样瓷器残器和民窑瓷器被倒在一起的现象，同样在澳门、西沙等处出土资料亦证实此时有官样瓷器被走私销售。即便在御器厂内部，落选瓷器也不再像过去一样打碎市是大量无序地存贮在库房内，几乎到了无人管理的地步。所以该时期的堆积层中已不见有意识集中打碎的落选御用瓷器碎片。清初御窑制度沿袭明代之旧，仍由江西地方官管理按年"额造"，对落选品的处理方式也承明代晚期之法，即大量落选御用瓷器扔在库房内没人管理，这种情况到雍正六年唐英至景德镇协理窑务后才始得改变。此后，落选品或运送北京，或就地变卖，总之不再打碎形成堆积[14]。

再次，是窑炉的形态及其所反映的问题。几次发掘所见，永乐时期的窑炉是葫芦形窑炉，六个同形制的窑炉成组地分布在珠山东北部地区，多少可以证明御器厂内窑炉的数量规模和分工严密的流水作业方式。从已有的研究成果看[15]，该时期的葫芦形窑，仍处在葫芦形窑炉的早期发展阶段。在珠山西南部发现的窑炉区内，最早的窑炉应该是宣德时期的两条葫芦形窑。这两条窑相连且形制相同，故也应为成组分布，惜其整体情况已被现代建筑破坏。在葫芦窑的发展序列中，宣德时期的葫芦窑和永乐时期的葫芦窑相比变化不大。窑炉形制相同，再加之青花原料相同，或许正是永乐、宣德时期青花瓷器表现出极大一致性的原因。宣德时期以后，御窑窑炉改用馒头形窑炉，终明没有变化。据《江西大志》载，嘉靖时期官、民窑场窑炉相同，产效大异。说明此时的官、民窑场所用一般是馒头形窑炉。但是，再往后发展，景德镇地区的民窑场便开始流行葫芦形窑炉，这一改革虽然是以提高产量为目的，却在技术上表现为明显高于宣德时期葫芦形窑炉的砌造技术，成为了葫芦形窑炉发展的最高阶段。然而御器厂没有和以往不同生产时期一样立即引入这种新型窑炉，应与御器厂采用官搭民烧的烧造模式有关，同时也不能排除与万历晚期御窑已经没有大规模的烧造活动有一定的关系。

第四，从 1983～1984 年、1987～1988 年以及 1994 年景德镇市陶瓷考古研究所清理的地层看[16]，嘉靖、万历时期的地层均有被平铲过的现象，其地层表面的平面当非其原生状态，这种平整活动用意何在仍不可考。由 2004 年度在珠山西南原景德镇市委食堂南发掘的地层状况，可知御器厂在明代晚期有一次被烧毁的史实，这当是太监潘相督陶江西时造成景德镇民变，导致"厂焚器毁"的考古学表现。发掘地层证实，此次窑厂被焚毁后，又有一个平整、垫土的过程，从平整用垫土的包含物中有克拉克风格瓷器以及一些明末清初的瓷器[17]看，其平整重建时间当在万历晚期或更晚。考古发现珠山的堆积速度在清代并没有减慢，反而从乾隆八年至清代末年增高 4 米。在珠山发掘所得清代晚期的标本中有光绪元年试烧未成的梅花鹿残器以及宣统款的器物，说明从光绪初年到宣统时期，这里的堆积依旧继续。但是，考清代御窑烧造，除乾隆早期不长时间内存在有御窑厂窑炉外，基本上以官搭民烧为主[18]。照一般理解，既然在民窑场完成烧造，窑业垃圾如何处理当与御窑厂无关，但考古所见堆积表明在相当长时期内窑业垃圾仍然继续往珠山堆积。这是否说明具体承烧瓷器的是民窑户，但在从官样下发到产品验收等管理模式上仍然没有超出官府的视野、仍沿袭旧有体制？当然，这只是初步推测，其真实原因尚需深入研究。

结　语

通过对景德镇御窑旧址考古遗存的深入分析发现，作为明清两代皇家用瓷器的生产基地，在明代绝大部分时间内，御器厂窑炉的变化一直引领景德镇地区瓷器生产技术的发展方向，可以说正是御器厂的设立促成了景德镇成为世界的瓷都。珠山是明清两代御窑生产的窑业垃圾堆积而非真山，其形成时间最早始自洪熙元年九月御窑烧造时的窑业垃圾及落选品的堆积。珠山堆积是在永乐时期的窑炉和作坊废墟上形成的，最初期的堆积地势和永乐时窑炉、作坊区东高西低的地势相同。至于纯粹的落选品掩埋坑则一般分布在窑厂区内边缘、不影响生产的地方，和一般的窑业垃圾处理方式不同。官搭民烧生产模式的采用，使得万历时期以后御器厂内基本上不存在窑炉，但珠山的堆积一直持续到清朝末年，表明即便是官搭民烧，对窑业垃圾和残次品的处理仍然是清代御窑管理体制的内容之一。

注　释

1　（清）蓝浦著，郑廷桂补辑：《景德镇陶录》卷一《景德镇图》和《御窑厂图》条："厂跨珠山，周围约三里许。中为大堂，后为轩，为寝。寝北有小阜，即珠山，所由名，旧建亭其上，堂两旁为东西序。"

2　江西省文物工作队等：《景德镇龙珠阁遗址发掘报告》，《江西历史文物》1986 年第 2 期。

3　2014 年景德镇市陶瓷考古研究所实测数据。

4　乾隆七年《浮梁县志》卷七《建置》"景德镇厂署"条记载："御器厂建于里仁都珠山之南，明洪武二年设厂制陶以供尚方之用，规制既弘，迨后基益扩，辟垣五里许。"《景德镇陶录》卷一《图说》："明洪武二年（原注：《江西大志》作三十五年）就镇之珠山设御窑厂，置官监督，烧造解京。"卷五《景德镇历代窑考》："洪武二年设厂于镇之珠山麓，制陶供上方，称官瓷，以别民窑。除大龙缸窑外，有色窑、风火窑、匣窑、爁磺窑，共二十座。"

5　此说法系景德镇市委书记刘昌林于 2014 年在关于景德镇御窑遗址的重要性与世界性论证中提出的。

6　江西省文物工作队等：《景德镇龙珠阁遗址发掘报告》，《江西历史文物》1986 年第 2 期；余家栋：《江西陶瓷史》第 451 页，河南大学出版社，1997 年。

7　北京大学考古文博学院等：《江西景德镇明清御窑遗址发掘简报》，《文物》2005 年第 5 期；北京大学考古文博学院等编：《景德镇出土明代御窑瓷器》，文物出版社，2009 年。

8　此两处发掘的资料得景德镇市陶瓷考古研究所所长江建新研究员慨允介绍使用，特此致谢。

9　关于这一组窑炉，笔者过去据 2002 年至 2004 年发掘的地层关系和窑床垫土包含物中有与赵万初铭记瓦相同的瓦，推断其建砌时间在洪武二年至四年以后。

10　关于此处发掘分层，据《江西历史文物》所载，另《考古学报》1989 年第 4 期《景德镇龙珠阁遗址发掘报告》一文称共分为 10 层。

11　王光尧：《雍正时期御窑制度的建设》，《两岸故宫第一届学术研论会：雍正其人其事及其时代论文集》第 396 页，台北故宫博物院，2010 年。

12　今景德镇市浙江路西头景德镇民窑博物馆即依一处窑业垃圾小山建成，此山在昌江东岸不远处。

13　对观音阁窑场的发掘表明，该窑场是从山脚逐步向西倾倒垃圾并最终形成今天的昌江该地段东岸的地势。

14　王光尧：《明代宫廷陶瓷史》第 49、142 ~ 148 页，紫禁城出版社，2010 年。

15　王上海：《从景德镇制瓷工艺的发展谈葫芦形窑的演变》，《文物》2007 年第 3 期。

16　权奎山：《江西景德镇明清御器（窑）厂落选御用瓷器处理的考察》，《文物》2005 年第 5 期；又见《说陶论瓷：权奎山陶瓷考古论文集》，文物出版社，2014 年。

17　北京大学考古文博学院等：《江西景德镇明清御窑遗址发掘简报》，《文物》2005 年第 5 期。

18　《景德镇陶录》卷一○《陶录余论》："国初烧造龙缸未成，至唐窑始复其制，搭民窑烧。厂东街为龙缸弄，相传为旧搭烧龙缸处。按：隆万时厂器除厂内自烧官窑若干座外，余者已散搭民窑烧。邑志载有赏给银两定烧赔造等语。然今则厂器尽搭烧民窑，照数给值，无役派赔累也。"

A Review of the Archaeological Remains at the Imperial Kiln Site at Jingdezhen

Wang Guangyao

Abstract

According to the analysis of the characteristics, the locations and the layout of the remains at the Ming and Qing imperial kiln site at Jingdezhen, the article comes to the conclusion that there was no Zhushan site during the Hongwu reign. The Zhushan site was the accumulation of the garbage from the kiln after the Xuande reign. It came into form during the Xuande reign (starting from the ninth month of the first year of the Hongxi reign), based on the remains of the kilns and workshops in the Yongle reign. Though the imperial kiln established by the imperial court employed commoners as craftsmen in the Qing dynasty, the garbage from the kiln kept accumulating at the Zhushan site until the reign of Xuantong. The later found gourd-shaped kiln and steamed bread-shaped kiln dated to the Yongle and Xuande reign at the imperial kiln site are the result of technological development and directed the porcelain production at Jingdezhen. Different from the disposal of the common garbage from the kiln, before the Xuande reign, the unsatisfying imperial porcelains were accumulated and then buried near the kilns without affecting daily life.

Key Words

Jingdezhen, Imperial Kiln, Archaeology

后记

　　"明代御窑瓷器：景德镇御窑遗址出土与故宫博物院藏传世洪武永乐宣德瓷器对比展"是故宫博物院与景德镇市人民政府首次联合举办的展览，和接下来将要举办的"明代御窑瓷器：景德镇御窑遗址出土与故宫博物院藏传世成化瓷器对比展"、"明代御窑瓷器：景德镇御窑遗址出土与故宫博物院藏传世弘治正德瓷器对比展"、"明代御窑瓷器：景德镇御窑遗址出土与故宫博物院藏传世嘉靖万历瓷器对比展"共同组成系列。这些展览是故宫博物院与景德镇市人民政府战略合作框架协议的内容之一，目的是通过御窑遗址出土的瓷器和传世瓷器的对比，全面反映明代御窑瓷器的面貌及御窑的历史，进而揭示御窑和景德镇瓷器所反映的优秀文化内涵。

　　景德镇御窑是明清两代专门为皇帝生产御用瓷器的基地，紫禁城是这些御用瓷器的唯一合法使用地。这次展览，是这些明代御用瓷器时隔五百年后从生产始端到使用终端的首次聚首。

　　根据记载，当时生产的合格品被源源不断地送进紫禁城，而在严格挑选标准下的落选品和残次品均被集中销毁，或被挖坑掩埋，或被成堆倒在墙角、小坑处，或打碎后随窑业垃圾倒掉，处理方式的不同，代表着御窑管理制度的变化，这是通过传世器物无法获得的历史信息。经考古发掘，御窑遗址出土的这些瓷器多可以与传世瓷器进行器形、纹样的对比。当然也有见于传世品而出土品中未见者，相反的例证也同样存在。御窑遗址出土当时研发的新品种以及试烧之未成功者，更能反映国家的投入对景德镇瓷器生产技术提高的作用。同时，不同形态的明代窑炉群，除可以提示当年的生产规模外，还通过窑炉形态的变化、分布区域的不同，从另一个方面反映着御窑的变迁及发展历史。带纪年或题记的一些标本则为研究御窑的设立时间提供了证据，大量窑具更是为研究明代御窑的生产工艺提供了实物资料。

　　2002 年在御窑遗址考古发掘工地，每天面对出土的、大量未见于传世的精美瓷器，我们设想最好能把御窑遗址出土的瓷器与故宫博物院收藏的传世瓷器进行对比展览、出版，当时甚至想展览出版时要包括南京故宫遗址出土的标本和台北故宫博物院收藏的瓷器，此次借故宫博物院与景德镇市人民政府战略合作的时机展览得以举办，虽未能包括台北故宫博物院的藏品，但已基本可以让观者从中领略御窑瓷器之美与当时生产的器物种类之繁盛，让学界得以从对比展览之中获取更多的信息并推进相关领域的研究向前发展。

　　从明代开始，文献中对明代御窑瓷器的记载已经很多，甚至有档案性质的记述，不过随着历史的发展与学术的进步，对器物及纹样的定名已有不少改变，如明代文献记载的"回回花纹"，在故宫博物院的文物档案和编目中称为轮花或宝相花，而在西方学术界则称为阿拉伯式花纹或阿拉伯式图案，无论是明人记载还是西方学界的定名均在强调其构图、布局特有的文化属性，故我们在书中也采用阿拉伯式花纹一名；另有在故宫博物院现有文物定名中碗、盘一类已经不再使用大碗、大盘的名称，但在元及明代，大口径的碗、盘主要是用作礼祭器，即礼书记载的簠簋、笾豆，为体现这类器物与日用器物不同的性质，本书仍命名这类器物为大碗、大盘；同时不同的研究者或不同的学术机构在器物定名上也多有不同，经协商本书对两个单位参展的器物在名称上努力做到统一。

　　本书出版得到故宫博物院、故宫出版社和景德镇市人民政府、景德镇市文物局的大力支持，故宫博物院耿宝昌先生和王亚民常务副院长亲赴景德镇挑选展品并确定拍照事宜，特此感谢！

编者

2015 年 5 月

顾 问

耿宝昌

编辑委员会

主任

单霁翔　刘昌林

委员

单霁翔　王亚民　宋纪蓉　娄　玮　任万平　吕成龙　刘昌林　颜赣辉　汪立耕　熊　皓　艾春龙　潘一莹

主编

王光尧　江建新

副主编

徐　巍　邓景飞

编委

冯小琦　蔡　毅　董健丽　赵聪月　赵小春　陈润民　高晓然　黄卫文　郑　宏　李卫东　郭玉昆　孙　悦　韩　倩
冀洛源　单莹莹　唐雪梅　万淑芳　肖　鹏　江小民　邬书荣　黄小铭　邹福安　李　慧　李子崀　程　超　李　佳
上官敏　方婷婷　李军强

展览协调

任万平　吕成龙　李永兴　孙　淼　许　凯　钱九如　白　杨　江建新　邓景飞　万淑芳　肖　鹏　江小民　邬书荣

布展组

徐　巍　赵小春　王光尧　董健丽　赵聪月　高晓然　黄卫文　郑　宏　李卫东　孙　悦　韩　倩　冀洛源　单莹莹
李　慧　黄小铭　邹福安　李子崀　李子青　程　超　李　佳　上官敏　李军强　方婷婷

展品修复

江小民　邬书荣　黄小铭　邹福安　李　佳

形式设计

纪　炜　桑颖新

英文翻译

陈　轩　薛　云　于全文　吕　进

摄影

王　琎

图片提供

资料信息部　周耀卿